Literatura e animalidade

OUTROS TÍTULOS DA COLEÇÃO CONTEMPORÂNEA: FILOSOFIA, LITERATURA & ARTES

A atualidade de Walter Benjamin e de Theodor W. Adorno,
de Márcio Seligmann-Silva
A tradução literária, de Paulo Henriques Britto
Canção popular no Brasil, de Santuza Cambraia Naves
Clarice Lispector: Uma literatura pensante,
de Evando Nascimento
Corpo em evidência: A ciência e a redefinição do humano,
de Francisco Ortega e Rafaela Zorzanelli
Ficção brasileira contemporânea,
de Karl Erik Schøllhammer
Machado de Assis: Por uma poética da emulação,
de João Cezar de Castro Rocha
Nietzsche, vida como obra de arte, de Rosa Dias
Poesia e filosofia, de Antonio Cicero

Maria Esther Maciel

Literatura e animalidade

ORGANIZADOR DA COLEÇÃO

Evando Nascimento

3ª edição

CIVILIZAÇÃO BRASILEIRA

Rio de Janeiro
2023

Copyright © Maria Esther Maciel, 2016

Capa
Regina Ferraz

CIP-BRASIL. CATALOGAÇÃO NA FONTE
SINDICATO NACIONAL DOS EDITORES DE LIVROS, RJ

Maciel, Maria Esther
M139l   Literatura e animalidade / Maria Esther
3ª ed.   Maciel. – 3ª ed. – Rio de Janeiro: Civilização Brasileira,
         2023.
         (Coleção Conteporânea: Filosofia, literatura e
         artes)

         176 p.
         ISBN 978-85-20-01298-7

         1. Literatura – História e crítica. I. Título.

                            CDD: 809
16-30095   CDU: 82.09

EDITORA AFILIADA

Todos os direitos reservados. É proibido reproduzir, armazenar ou transmitir partes deste livro, através de quaisquer meios, sem prévia autorização por escrito.

Texto revisado segundo o Acordo Ortográfico da Língua Portuguesa de 1990.

Direitos desta edição adquiridos pela
EDITORA CIVILIZAÇÃO BRASILEIRA
Um selo da EDITORA JOSÉ OLYMPIO LTDA.
Rua Argentina, 171 – Rio de Janeiro, RJ – 20921-380 –
Tel.: (21) 2585-2000

Seja um leitor preferencial Record.
Cadastre-se no site www.record.com.br e receba informações sobre nossos lançamentos e nossas promoções.

Atendimento e venda direta ao leitor:
sac@record.com.br

Impresso no Brasil
2023

Para Maria Clara Versiani Galery

Nota prévia e agradecimentos

Este livro é resultado de minha pesquisa sobre o tema, realizada com apoio do Conselho Nacional de Desenvolvimento Científico e Tecnológico (CNPq), e retoma/desdobra reflexões desenvolvidas em vários textos publicados, desde 2008, em revistas e livros coletivos, do Brasil e do exterior. Ele inclui também uma entrevista conduzida com o filósofo francês Dominique Lestel, que tem escrito trabalhos iluminadores sobre a questão do animal, da animalidade e do conceito de humano.

O ponto de partida para a sua elaboração foi o ensaio "O animal escrito: um olhar sobre a zooliteratura contemporânea", publicado pela coleção de miniensaios Móbile, da Lumme Editor, em 2008.

Graças à inestimável contribuição de amigos, colegas, orientandos e alunos, este trabalho tornou-se possível. Agradeço, em especial, a Evando Nascimento, que me convidou a publicá-lo e com quem tenho mantido uma preciosa interlocução nos últimos anos; a Sérgio Medeiros, Sérgio Alcides, Eduardo Jorge, Fernanda Coutinho, Benjamin Abdala Jr., Rita Terezinha Schmidt, Dominique Lestel, Gabriel Giorgi, Jens Andermann, Álvaro Fernández Bravo, Anne Simon, Rod Bennison, Alcino Leite Neto, Manoel Castello Branco, Dolores Orange, Maurício Meirelles e Ricardo Maciel dos Anjos, pela colaboração e pela cumplicidade; ao CNPq, à Fundação de Amparo à Pesquisa do Estado de Minas Gerais (FAPEMIG) e ao Instituto de Estudos Avançados e Transdisciplinares da Universidade Federal de Minas Gerais (IEAT/UFMG), pelo essencial apoio a minha pesquisa.

Era uma vez um animal chamado escrita, que devíamos, obrigatoriamente, encontrar no caminho; dir-se-ia, em primeiro, a matriz de todos os animais; em segundo, a matriz das plantas e, em terceiro, a matriz de todos os seres existentes.

(MARIA GABRIELA LLANSOL)

Cobras-cegas são notívagas.
O orangotango é profundamente solitário.
Macacos também preferem o isolamento.
Certas árvores só frutificam de 25 em 25 anos.
Andorinhas copulam no voo.
O mundo não é o que pensamos.

(CARLOS DRUMMOND DE ANDRADE)

Sumário

Introdução – Animais escritos	13
O espaço zoo	13
Zooliteratura imaginária	19
Animais-animais	21
Pensar o animal	27
Michel de Montaigne e os limites do humano	27
Derrida e os animais	36
Narrativas da animalidade	49
Cenas da vida animal: ficção e zoopolítica na obra de J. M. Coetzee	49
Zooliteratura moderna brasileira	66
Animais poéticos, poesia animal	97
Poéticas da animalidade	97
Anexo – Entrevista com Dominique Lestel	131
Notas	147
Referências bibliográficas	165

Introdução

Animais escritos

O espaço zoo

Os animais, sob o olhar humano, são signos vivos daquilo que sempre escapa a nossa compreensão. Radicalmente outros, mas também nossos semelhantes, distantes e próximos de nós, eles nos fascinam ao mesmo tempo que nos assombram e desafiam nossa razão. Temidos, subjugados, amados, marginalizados, admirados, confinados, comidos, torturados, classificados, humanizados, eles não se deixam, paradoxalmente, capturar em sua alteridade radical. Como diz John Berger, "quanto mais julgamos saber sobre eles (...), mais distantes eles ficam".[1] Essa estranheza, por outro lado, provoca o lado animal que trazemos dentro de nós.

Mas o que é o humano e o que é o animal? Se a ciência e a filosofia ocidentais se arrogaram a responder tais perguntas com base em critérios forjados em nome da racionalidade e da chamada "máquina antropológica do humanismo",[2] outras possíveis respostas — fora das circunscrições do conhecimento filosófico-científico legitimado – podem ser encontradas no campo do imaginário e nos espaços alternativos do saber humano, nos quais a palavra animal ganha outros matizes, inclusive socioculturais.[3]

No que tange à literatura, por exemplo, sabe-se que as tentativas de sondagem da alteridade animal nunca deixaram de instigar a imaginação e a escrita de poetas e escritores de diferentes épocas e procedências. E as maneiras distintas com que eles entraram na esfera da animalidade conferiram uma nova relevância a essa questão. Tanto que, nos últimos anos, o termo "zooliteratura" começou a ser usado para designar o conjunto de diferentes práticas literárias ou obras (de um autor, de um país, de uma época) que se voltam para os animais. Nesse sentido, é bem mais aberto e menos cristalizado que o termo bestiário, uma vez que este se inscreve sobretudo na ordem do inventário, do catálogo, designando uma série específica de bichos reais e imaginários, podendo, também – de forma mais genérica –, designar uma coleção literária e/ou iconográfica de animais imaginários ou existentes de um determinado autor ou período cultural. Além disso, por suas origens medievais, o termo deriva de besta, palavra completamente contaminada pela carga simbólica negativa que lhe foi conferida pela tradição judaico-cristã ao longo dos tempos, afinando-se, por extensão, com a noção de bestialidade – qualidade daquilo que é brutal, grosseiro, monstruoso e maligno. Ou, como explicou Evando Nascimento, "a besta, por definição, é cruel, representando o ponto alto da predação natural, no limite da desnatureza ou do desnaturamento".[4] É um termo, portanto, que esvazia o animal de *anima*, reforça sua dimensão negativa e marca sua exclusão da sociedade dos chamados "seres racionais".

Vale lembrar que Jacques Derrida, em *O animal que logo sou*, utilizou o termo zooliteratura ao se reportar aos animais de Francis Ponge e zoopoética para falar dos animais de Kafka, mas ainda como sinônimos da palavra bestiário, visto que esta foi usada pelo filósofo em outras páginas do livro na mesma acepção das outras. De qualquer maneira, o ensaio de Derrida, ao lançar os designativos zooliteratura e zoopoética quando trata da presença de animais em Kafka, Baudelaire, Rilke, Carroll e Hoffmann, abre terreno para que possamos transformá-los em conceitos capazes de abarcar o conjunto de obras literárias de um escritor ou de vários escritores, nas quais se privilegia o enfoque de animais. O bestiário, neste caso, seria apenas uma modalidade específica integrante de um conjunto maior, limitando-se à esfera do catálogo. Já o termo zoopoética poderia ser empregado para designar tanto o estudo teórico de obras literárias e estéticas sobre animais quanto a produção poética específica de um autor, voltada para esse universo "zoológico", como fez Derrida. As diferenças e semelhanças entre zooliteratura e zoopoética seriam, portanto, as mesmas entre literatura e poética, mas acrescidas do valor semântico do prefixo "zo(o)".

Tendo em vista essa mudança de parâmetros no trato da questão dos animais, da animalidade e das relações entre humano e não humano, pode-se dizer que o esforço de ampliação das formas de acesso ao mundo zoo indica não apenas nossa necessidade de apreender algo deles e sobre eles, como também um desejo de recuperar nossa própria animalidade perdida ou recalcada, contra a qual foram sendo construídos, ao longo dos séculos, os conceitos de humanidade e de humanismo. Afinal, foi precisamente pela negação da animalidade que se forjou uma definição de humano ao longo dos séculos no mundo ocidental, não obstante a espécie humana seja, como se sabe, fundamentalmente animal.

Cabe lembrar que a cisão entre homem e animal, humanidade e animalidade – tal como ela se instituiu na sociedade ocidental – teve seu ponto crucial na era moderna, mais especificamente a partir do século 18, com o triunfo do pensamento cartesiano. Visto como máquina, um mero corpo automatizado e sem alma, o animal passou, desde então, a ser investigado com base em critérios científicos bem definidos, tanto sob os imperativos de uma taxonomia rigorosa – como a que Lineu inaugurou em seus estudos de zoologia e botânica – quanto sob o impacto do surgimento das ciências de observação e experimentação que precederam o surgimento dos zoológicos na Europa. O que não significa que, nos séculos anteriores, não tenha também havido uma recusa da animalidade, pautada em outros critérios que não exclusivamente os da ciência. Basta uma menção, por exemplo, à demonização por que a animalidade passou sob o peso do cristianismo ao longo da Idade Média, quando a parte animal que constitui a existência humana foi instituída como o lugar de todos os perigos. Ou seja, deslocada para fora do humano, ela foi confinada aos territórios do mal, da violência, da luxúria e da loucura, sob a designação de bestialidade. Tanto que a palavra "besta", como já foi dito, passou a ser o designativo por excelência do animal nesse período e posteriormente a ele.

Para os adeptos dessa demonização, a parte animal, uma vez manifesta, despojaria o homem de sua humanidade, conduzindo-o ao grau-zero de sua própria natureza. Como explica Michel Foucault ao tratar dessa dimensão negativa da animalidade na cultura ocidental e, mais especificamente, no contexto medieval, ela representava para o homem "o abafado perigo de uma animalidade em vigília, que, de repente, desenlaça a razão na violência e a verdade no furor do insano".[5] Isso porque o relacionamento entre o ser humano e a animalidade era o reflexo da relação imaginária do homem com "os poderes subterrâneos do mal". E mesmo em períodos de repressão posteriores, como na era vitoriana, a associação da parte animal do humano a esses poderes do mal foi explícita, o que se refletiu na própria produção simbólica do tempo, vide a proliferação de seres híbridos e das metamorfoses diabólicas na literatura e nas artes, a exemplo de vampiros, lobisomens e outros seres fronteiriços, de caráter fantástico.

Aliás, Foucault chega mesmo a apontar certa resistência, em pleno século 20, à aceitação positiva dos animais, afirmando que, embora a relação entre humano e animal tenha adquirido no nosso tempo uma positividade natural, a aceitação desse outro como um ser que "participa da plenitude da natureza, de sua sabedoria e de sua ordem (...) talvez não tenha ainda penetrado de modo profundo nos espaços subterrâneos da imaginação".[6]

Um olhar sobre o horizonte literário e artístico das últimas décadas do século 20 e da primeira do século 21, entretanto, permite-nos dizer que tal afirmação foucaultiana já não parece proceder inteiramente, pelo menos no campo cultural, uma vez que as manifestações culturais voltadas para as relações entre o humano e o não humano passam a ser reconfiguradas a partir de outros enfoques, advindos de uma nova relação dos escritores e artistas não apenas com os animais, mas também com as conjunções/disjunções entre humanidade e animalidade.

Sem dúvida, Franz Kafka foi um marco nesse processo, ao inserir em seus escritos, no início do século 20, figuras animais fora da circunscrição antropocêntrica, inscrevendo na zooliteratura ocidental uma nova forma de compreender o animal e as manifestações da animalidade. Sob esse prisma, a novela *A metamorfose* (1915) torna-se um marco para o surgimento de uma linhagem literária voltada para os processos de identificação/entrecruzamento de humano e não humano, sob um viés crítico, capaz de desestabilizar as bases do humanismo antropocêntrico.[7] Quando Gregor Samsa acorda em seu quarto e se vê transformado numa barata, ele passa, de repente, a viver a condição híbrida de humano e inseto, numa perspectiva bastante paradoxal, já que se torna inseto, mas não deixa de se manter humano. E é essa situação absurda que torna tudo um grande pesadelo. É também ela que revela a dimensão animal do humano.

Trata-se, por isso, de uma obra precursora no horizonte da literatura moderna e contemporânea que problematiza as fronteiras entre humanidade e animalidade. Fronteiras essas que demandam, mais do que nunca, uma abordagem pautada no paradoxo, visto que, ao mesmo tempo que são e devem ser mantidas – graças às inegáveis diferenças que distinguem os animais humanos dos não humanos –, é impossível que o sejam mantidas de modo idêntico, já que os humanos precisam se reconhecer animais para se tornarem humanos.

É precisamente esse paradoxo que atravessa muitas obras literárias posteriores a Kafka, mesmo que os exercícios alegóricos oriundos dos bestiários antigos e da tradição das fábulas tenham se mantido ao longo do século 20, só que agora contaminados por essa reviravolta kafkiana no âmbito da chamada zooliteratura ocidental.

Zooliteratura imaginária

Se, como disse Jorge Luis Borges em seu *Manual de zoología fantástica*, de 1957, existem dois tipos de zoologia na literatura – a da realidade, povoada de animais existentes, e a dos sonhos, que abriga esfinges, grifos e centauros, entre outros seres fantásticos[8] –, pode-se dizer que esse novo espaço poético-ficcional passou a acolher ambos os tipos, separadamente ou mesclados, tornando-se um ponto de confluência de todas as zoologias possíveis e impossíveis.

No que se refere especificamente à zooliteratura fantástica do século 20, não há dúvidas de que o próprio Borges teve papel medular para a retomada dessa vertente. Ao publicar o já referido compêndio sobre animais imaginários, ele abriu espaço para a proliferação criativa de uma nova safra de bestiários, sobretudo no âmbito das letras hispano-americanas. No entanto, longe de apenas compor uma coleção erudita de seres híbridos, à feição dos livros medievais, Borges, aberto a outras culturas do Ocidente e do Oriente, incluiu em seu *Manual de zoología fantástica* um repertório atravessado de referências literárias de distintos tempos e espaços. Repertório esse ampliado posteriormente em *O livro dos seres imaginários*, de 1969, com a inclusão de várias outras criaturas fantásticas não circunscritas à esfera animal, como elfos, gnomos, fadas e anjos, sendo também eliminada a ordem alfabética dos verbetes da edição anterior. Com isso, o escritor não apenas pôde reescrever, à luz do presente, a tradição dos bestiários antigos, como também atestou que a literatura é ela mesma um fato temporal e móvel, que acolhe "uma monstruosa série de imaginações".[9]

Pode-se dizer que esses livros de Borges reveem criticamente a tradição zooliterária anterior e convertem-se, ao mesmo tempo, em uma coleção de textos precursores para os demais bestiários surgidos no contexto hispano--americano do século 20. Entre eles, os livros do guatemalteco Augusto Monterroso, do mexicano Juan José Arreola e do uruguaio Victor Sosa,[10] só para citar alguns. Todos, até certa medida, em diálogo com obra de Borges, mas com propostas distintas: seja por mesclarem a "zoologia dos sonhos" com a da realidade, seja por explorarem as metamorfoses – estas deliberadamente excluídas do *Manual de zoologia fantástica* –, seja por incorporarem explicitamente referências culturais latino-americanas em seus verbetes, estes feitos da mistura de poema, narrativa e descrição.

Assim, de bestiários fantásticos, como o próprio livro de Borges e de outros muitos escritores de língua espanhola, às inúmeras coleções de textos de várias nacionalidades sobre animais existentes, a zooliteratura ocidental, ao longo dos dois últimos séculos, apresentou-se sob insuspeitadas configurações.

Animais-animais

Se, no que tange especificamente à "zoologia dos sonhos", vários dos textos atuais ainda mantêm os traços eruditos e alegóricos dos bestiários antigos (ainda que com outros propósitos e esvaziados da função moralista e descritiva dos modelos antigos), os textos mais centrados nos animais existentes, por sua vez, tendem a investigar a complexidade que estes representam para a razão humana, buscando deles extrair, inclusive, um saber alternativo sobre o mundo e a humanidade. Valem-se para isso, muitas vezes, do registro poético, afirmando-se como tentativas de compreensão da alteridade radical que os animais representam para a razão humana.

Sob esse prisma, alguns autores têm enfocado o mundo zoo com motivações éticas e afetivas, como se pode notar tanto na obra do poeta inglês Ted Hughes, composta de uma enorme quantidade de poemas voltados para o tema,[11] quanto na de Guimarães Rosa, em que proliferam animais de todas as espécies. Há ainda os poetas que se empenham em salvar, pela literatura, os animais do extermínio, convertendo o texto em uma espécie de "arca de Noé" contemporânea, tal como se dá em *Os animais de todo o mundo*, do francês Jacques Roubaud. Para não mencionar quem explora o mundo animal através do humor, como se verifica no livro *Você é um animal, Viscovitz!*, do italiano Alessandro Boffa, um biólogo de formação que parodia a linguagem técnica dos tratados de ciências biológicas para compor uma série de vinte pequenos contos sempre protagonizados por um animal chamado Viscovitz, que assume e adquire a forma de diferentes espécies – do micróbio ao porco. Ao que se soma ainda a obra de J. M. Coetzee, talvez o autor contemporâneo mais empenhado em empreender, por vias complexas e sem dicotomias, esse debate em torno da questão do animal, sob uma perspectiva ética e política.

A lista de autores é vastíssima e inclui escritores de distintas nacionalidades, como Jack London, Patricia Highsmith,

Paul Auster, Lydia Davis, Herberto Helder, Luiza Neto Jorge, Eva Hornung, Antonio di Benedetto, Julio Cortázar, entre muitos. No Brasil, Guimarães Rosa, Clarice Lispector, Carlos Drummond, João Alphonsus, Manoel de Barros, Wilson Bueno, Hilda Hilst, Astrid Cabral, Nuno Ramos e Regina Rheda destacam-se como alguns de nossos "animalistas". São escritores que incluem em suas obras diferentes categorias do mundo zoo, como as das feras enjauladas nos zoológicos do mundo, dos bichos domésticos e rurais, dos cães de rua, dos animais classificados pela biologia, das cobaias e das espécies em extinção. E que privilegiam os animais como sujeitos, seres dotados de inteligência, sensibilidade e saberes sobre o mundo, como também exploram literariamente, e sob diversas perspectivas, as relações entre humanos e não humanos, humanidade e animalidade.

É interessante marcar ainda, nas obras de alguns autores, o trespassamento das fronteiras entre os mundos humano e não humano, por meio dos devires e das metamorfoses. Basta mencionarmos o conto "Meu tio o Iauaretê", de Guimarães Rosa, o romance *A paixão segundo G. H.*, de Clarice Lispector – que serão abordados mais adiante neste livro – e *A hora entre o cão e o lobo (Dog Boy)*, da australiana Eva Hornung, que incursiona no mundo inquietante dos chamados "meninos selvagens".

No caso desse romance, publicado em 2010, a travessia das fronteiras do humano apresenta-se de forma mais palpável, uma vez que Hornung recria a história verídica de um menino russo que, aos quatro anos, após ser abandonado pela família, é adotado por cães selvagens, obtendo da matilha a proteção, o afeto e a aprendizagem de estranhas formas de sobrevivência no contexto pós-perestroika. Convertido física e psiquicamente em uma criança-cachorro, o personagem vive, de maneira visceral, a sua ambígua existência humana e não humana.

A autora reinventa, dessa forma, a antiga tradição literária dos meninos selvagens, ou seja, crianças criadas por animais fora dos espaços urbanos e que, em decorrência dessa convivência interespécies, incorporaram uma animalidade capaz de desafiar os limites da razão humana e dos dogmas científicos. É uma tradição que inclui, entre outros, os personagens Mogli, de Rudyard Kipling, e Tarzan, do americano Edgar Rice Burroughs. Mas pode-se dizer que o olhar de Eva Hornung é bem diferente, por descontruir a visão colonial do problema e reconfigurar o estatuto do animal fora dos domínios antropocêntricos, reconhecendo nos seres não humanos várias qualidades e características que, ao longo dos tempos, foram tomadas exclusivamente como o que Jacques Derrida chamou de "os próprios do homem". Nesse sentido, ela opta por uma perspectiva condizente com as recentes discussões "pós-humanistas", as quais têm reformulado o conceito de "humano" pela inclusão do animal na própria definição de "homem", descontruindo a hierarquia entre as espécies e promovendo uma desintegração da própria noção de identidade humana, já que, como pontua José Gil, "a fronteira para além da qual se desintegra a nossa identidade humana está traçada dentro de nós, e não sabemos onde".[12]

Isso se dá ainda a ver, de forma instigante, no conto "Alguém dorme nas cavernas", do brasileiro Rubens Figueiredo,[13] que tem a licantropia como tema principal, mas desprovida do caráter teratológico das histórias clássicas de lobisomem, visto que tudo na narrativa é apenas sugerido, sem os artifícios da transformação física explícita. O personagem Simão, tal como o onceiro de Rosa em "Meu tio o Iauaretê", é um homem que não se torna literalmente, por metamorfose corporal, um lobo, mas permanece numa zona movediça, indefinível, entre os dois mundos que estão dentro dele. E mantém isso como seu maior segredo, sua loucura particular.

Figueiredo, assim, instaura no conto um movimento, um rompimento de fronteiras, que leva o humano para longe da subjetividade humana e o abre para formas híbridas de existência. Nesse sentido, o homem se torna homem-lobo não por genealogia ou evolução, mas por contágio.[14]

Por fim, tendo em vista todas essas experiências de escrita, pode-se concluir que as tentativas literárias de se recuperar o elo intrínseco entre o ser humano e o não humano têm se afirmado no nosso tempo como formas criativas de acesso ao outro lado da fronteira que nos separa do animal e da animalidade. São formas bastante variadas, obviamente, que vão do exercício ficcional à apreensão, pela linguagem, de uma outridade animal, tarefa essa atribuída sobretudo à poesia. Cada uma com sua maneira peculiar de fazer do animal um animal escrito.

É o que mostrarei ao longo deste livro.

Pensar o animal

Podemos pensar como o homem e como os bois.
Mas é melhor não pensar como o homem...

(Guimarães Rosa, no conto "Conversa de bois")

Michel de Montaigne e os limites do humano

Entre homens e animais

No conto "Ideias de canário", de 1863, Machado de Assis narra a história de um ornitólogo que compra, numa loja de objetos usados, uma gaiola velha com um canário dentro. Intrigado com o fato de a ave trilar como se falasse e emitir pensamentos próprios sobre o mundo, o cientista resolve estudar a língua do pássaro, suas relações com a música e o seu pensamento "animal" sobre a vida. Porém, depois de várias tentativas, o ornitólogo se vê confuso e perplexo diante das ideias incomuns do canário, visto que este se revela bem mais sábio e esperto que o homem. Com sua sabedoria singular e seu "raciocínio" incapturável, a ave coloca em questão não apenas a competência do ornitólogo como também o olhar humano sobre a natureza, evidenciando, assim, os limites da razão compreendida como atributo exclusivo e diferencial da espécie humana em relação às demais espécies.

O conto, ao ironizar a arrogância e as limitações da razão humana em comparação ao saber dos animais classificados como "não racionais", poderia funcionar como interessante ponto de partida para o enfoque do pensamento cético de Michel de Montaigne sobre os limites do humanismo, desenvolvido sobretudo no texto "Apologia de Raymond Sebond", que integra o segundo volume dos *Ensaios*, de 1580, no qual o filósofo, com propósitos de desqualificar a pretensão humana, empreende um longo e detalhado elogio aos animais não humanos.[1] É um texto considerado, até hoje, fundamental para o ressurgimento do ceticismo no âmbito da filosofia moderna, além de ter sido um dos primeiros a fazer uma aguda crítica ao antropocentrismo no interior da discussão sobre os dogmas filosóficos e teológicos do pensamento ocidental.

O alvo crítico de Montaigne em "Apologia" é, sobretudo, a razão ortodoxa, que almeja ser "o divino do homem" e se constitui a partir do pressuposto da superioridade humana em relação aos demais viventes. Mas para o filósofo, afeito ao exercício da dúvida e da incerteza, a razão não pode se circunscrever a esse modelo único e absoluto, já que existiriam várias outras formas de racionalidade ou raciocínio, bem como várias perspectivas para se tratar um determinado assunto. A razão, segundo ele, longe de se circunscrever a uma única função, é "um instrumento de chumbo e de cera, alongável, dobrável e adaptável a todas as medidas", que se molda de acordo com os usos que se podem fazer dela. E acrescenta: "É preciso apenas a habilidade de saber dar-lhe contorno."[2]

Se, por um lado, Montaigne refuta a crença num *lógos* único e suficiente, capaz de explicar todas as coisas, inclusive Deus, ele não descarta, por outro, a possibilidade de a razão ser exercida de outras maneiras e por outras criaturas não humanas. Para o autor, é muita presunção do homem pensar que pode assegurar a sua própria supremacia em relação aos outros animais ao distribuir as faculdades físicas, emocionais e intelectuais que bem entende a eles.[3] E indaga, irônico:

> Como conhece ele, por obra da inteligência, os movimentos internos e secretos dos animais? Por qual comparação entre eles e nós conclui sobre a estupidez que lhes atribui? Quando brinco com a minha gata quem sabe se ela não se distrai comigo mais do que eu com ela?[4]

Assim, ao recusar uma noção única de racionalidade, Montaigne abre, matiza e pluraliza o conceito de razão, relativizando com isso seus poderes e sua soberania.[5] E não é apenas a razão, com seus correlatos – discernimento, raciocínio, capacidade de aprendizagem –, que o autor dos *Ensaios* reconhece nos animais, com o intuito cético de minar a hierarquia entre humanos e não humanos e, por extensão, a presunção antropocêntrica. Outras faculdades tidas como exclusivas do homem também são atribuídas por ele aos animais não humanos: linguagem, habilidades artísticas e arquitetônicas, virtudes e vícios. Para o filósofo, os bichos estariam aptos a realizar ações que superam de longe aquilo de que somos capazes, ações que não conseguimos imitar e que nossa imaginação não nos permite sequer conceber.[6] E nesse sentido, tais faculdades ou habilidades podem ser consideradas, segundo ele, um grande desafio à capacidade humana de compreensão desses outros. O saber que os homens julgam possuir sobre os outros viventes se aloja, portanto, nos limites do conhecimento racional, no enquadramento específico de uma percepção instituída, servindo, inclusive, para justificar os processos de marginalização e coisificação desses seres.

Como explica Thierry Gontier, os animais são apresentados por Montaigne como um duplo e paradoxal desafio à presunção humana: enquanto objetos de interpretação (pouco sabemos efetivamente sobre eles, pois a incompreensão é a marca do nosso limite) e, ao mesmo tempo, como sujeitos de interpretação (eles são dotados de saberes sobre o mundo).[7] Num primeiro momento, como já foi dito, Montaigne pergunta como o homem, nos limites de sua inteligência, pode dar a si mesmo o poder de conhecer o que se passa no interior dos animais, atribuindo "faculdades físicas e intelectuais que bem entende" a eles. Em seguida, valendo-se, paradoxalmente, dos conhecimentos (produtos da investigação humana) acumulados desde a antiguidade sobre os viventes não humanos, ele compõe um inventário de casos e relatos que atestariam a capacidade cognitivo-afetiva desses outros seres, antecipando alguns apontamentos que, bem mais tarde, Charles Darwin faria no seu *A expressão das emoções no homem e nos animais*, obra medular para o reconhecimento de faculdades emotivas (até então consideradas exclusivas da espécie humana) em outros seres vivos.

Com o intento de subsidiar suas reflexões com argumentos convincentes, Montaigne chega a mencionar, entre vários outros exemplos de inteligência animal, o fato de os atuns conhecerem os três ramos da matemática (a astronomia, a geometria e a aritmética), visto que

> (...) se reúnem em cardumes da forma de um cubo quadrado por todos os lados, formando um batalhão sólido de seis faces iguais; nadam nessa ordem de dimensões idênticas atrás e na frente, de modo que quem os encontra e conta uma fileira tem ideia precisa do todo, já que a largura do cardume é igual à profundidade e ao comprimento.[8]

Aos atuns se somaria também o ouriço, que "cava seu covil com vários orifícios diversamente orientados", atento às direções do vento.[9] Observando os costumes desse animal, um determinado cidadão teria adquirido – segundo o filósofo – a reputação de muito bom matemático. O que comprovaria a existência de um processo de raciocínio nos animais não humanos.

Histórias e relatos como esses se disseminam ao longo do ensaio, compondo o que se convencionou chamar de "bestiário", mas que prefiro designar de "animália".[10] No que se refere aos relatos de Montaigne, sabe-se que foram usados ostensivamente pelo filósofo a título de exemplos para suas afirmações. A maioria foi extraída da zoologia antiga, em especial a que atravessa as obras de Plutarco, Lucrécio, Aristóteles, Plínio e outros enciclopedistas da natureza. Por seu caráter por vezes fantástico, tais relatos foram, desde a publicação dos *Ensaios*, alvo frequente de críticas de seus detratores, a começar por René Descartes, que, em carta à duquesa de Newcastle, em 23 de novembro de 1646, tratou de desqualificar – em nome da ciência moderna – os argumentos e os exemplos "prodigiosos" apresentados pelo autor da "Apologia de Raymond Sebond". Mal sabia Descartes que, séculos depois, uma nova ciência voltada para o estudo do comportamento animal – a etologia – viria comprovar e legitimar cientificamente várias das histórias "fantasiosas" de Montaigne sobre as habilidades animais.[11]

O fato é que, até hoje, a animália de Montaigne continua sendo vista por muitos estudiosos como um mero exercício literário, "um inventário desordenado de histórias fabulosas" (para mencionar aqui as palavras de Élisabeth de Fontenay, em *Le Silence des bêtes*), usado exclusivamente como estratégia cética contra os dogmas filosóficos e teológicos do tempo.[12] Mas não se pode esquecer que o que Montaigne fez efetivamente foi recolher, "traduzir" e reordenar os registros, as informações e os relatos zoológicos disponíveis na época em que viveu, de modo a dar consistência a seus próprios argumentos. Ele não dispunha, obviamente, de fontes mais científicas (na acepção moderna do termo) para fundamentar suas assertivas sobre as faculdades animais, como parece ser a cobrança de vários de seus intérpretes. Isso porque não havia ainda, no século 16, um sistema de conhecimento que pudesse oferecer os subsídios necessários para que a natureza fosse nomeada, descrita e categorizada racionalmente, com base em critérios científicos rigorosos.[13]

À parte os propósitos do filósofo em realizar, por meio dessas apropriações, uma crítica incisiva aos dogmas teológico-filosóficos e subverter a concepção hierárquica de natureza (pautada na ideia do homem como animal racional e, portanto, superior aos demais), pode-se afirmar que ele não deixou também de contribuir para a constituição de uma visão ética sobre os animais e nossa relação com eles. Uma visão que só agora, com o processo de revisão estrutural do próprio conceito de "humano" fora dos domínios exclusivos do antropocentrismo e do especismo, vem ganhando maior visibilidade e credibilidade nos campos das ciências humanas e biológicas contemporâneas.

Eles, os outros

Cabe acrescentar, tendo em vista todas as considerações feitas a propósito do pensamento de Montaigne, que não apenas o ensaio "Apologia de Raymond Sebond" – definido por Jacques Derrida como "um dos maiores textos pré-cartesianos e anticartesianos que existem sobre o animal"[14] – abre terreno para a emergência, séculos depois, de uma ética voltada para os animais. Também o ensaio XI, "Da crueldade", cumpre essa função, visto que nele o filósofo se posiciona de forma incisiva contra os maus-tratos infligidos aos viventes não humanos, não obstante sua contraditória defesa da caça. Ao recriminar a tortura e a morte cruel dos bichos (ele cita seu próprio desconforto diante do sacrifício de um frango), Montaigne não deixa de associar – como fizeram Plutarco e Ovídio – a crueldade dos homens contra os animais e a crueldade dos homens contra os próprios homens. Após reafirmar sua compaixão pelo sofrimento dos bichos, citando situações abomináveis de crueldade contra eles, conclui: "As índoles sanguinárias com relação aos animais revelam propensão natural para a crueldade – esta, no caso, infligida aos próprios seres humanos." E acrescenta: "Depois que em Roma se familiarizam com os espetáculos das mortandades de animais, passaram para os homens e os gladiadores."[15]

O filósofo chama também a atenção, no final do ensaio, para o fato de que entre as outras criaturas e nós existem relações que nos obrigam reciprocamente, externando uma defesa do que poderíamos chamar de uma ética da convivência entre as espécies. Sua opinião é de que "há um certo respeito e um dever geral de humanidade que nos ligam não apenas aos animais que têm vida e sentimento, mas até mesmo às árvores e plantas".[16]

A analogia entre vitimização de animais e vitimização de humanos também se faz presente na "Apologia de Raymond Sebond", mais notadamente na parte em que Montaigne trata da escravidão e vê nos atos de aprisionamento e exploração do animal uma prerrogativa humana para o processo de escravização de pessoas tidas como inferiores na hierarquia dos viventes. Após dar vários exemplos desses atos, ele observa que os animais são ainda mais generosos que nós, pois nunca se viu um leão escravo de outro leão, nem um cavalo de outro cavalo.[17]

Por ter pensado essas e várias outras questões relativas aos animais, Montaigne pode ser considerado uma referência importante não apenas para as tentativas recentes de reconfiguração do conceito de humano, como também para o debate contemporâneo sobre as políticas da vida. É também notável o influxo tardio de suas ideias na própria literatura do nosso tempo, a exemplo dos romances do escritor sul-africano J. M. Coetzee, como *A vida dos animais* (1999) e *Desonra* (2000),[18] ambos voltados para a perspectiva das relações ético-políticas entre humanos e animais, num confronto direto com o antropocentrismo e o especismo ocidentais.

Derrida e os animais

> *Com todos os olhos, a criatura vê o Aberto.*
> *Só os nossos olhos, como que invertidos,*
> *são armadilhas postas à volta de sua*
> *livre saída. O que há fora, nós o sabemos*
> *apenas pelo semblante do animal (...)*
>
> (Rainer Maria Rilke via José Paulo Paes)

Limiares do humano e do não humano

Mover-se "*à pas de loup*", pé ante pé, sem ruídos: assim Derrida dá início ao seminário *La Bête et le souverain* [A besta e o soberano], ministrado entre 2001 e 2003, em Paris, no qual ele discute, com base na figura zoopolítica do lobo, as complexas e controversas relações entre homem e animal no contexto do Estado, da *polis*, do corpo social, das leis e das filosofias humanistas do Ocidente.[19]

Do "animal político" de Aristóteles, passando pela lei do mais forte na fábula "O lobo e o cordeiro", de La Fontaine, pelo *homo homini lupus* de Hobbes e Lacan, o *loup-garou* de Rousseau, o homem dos lobos de Freud, até tangenciar as matilhas do devir-animal de Deleuze, o filósofo questiona as dicotomias legitimadas pelo pensamento ocidental em torno das diferenças hierarquizantes entre a espécie humana e as outras espécies, num movimento de desconstrução dos chamados "próprios do homem". Para tanto, desestabiliza os limites entre soberania e animalidade, problematiza as noções de besta, bestialidade e besteira e, a passo de lobo, vai colocando em xeque as supostas propriedades (ou faculdades) que, segundo a tradição filosófica de feição cartesiana, os homens possuiriam e os outros animais não.

Linguagem, fala, pensamento, riso, nudez, consciência da morte, uso de utensílios, capacidade de responder, mentir e apagar os próprios rastros são alguns desses "próprios do homem" que, segundo Derrida, serviram não apenas para o estabelecimento de uma radical cisão entre homem e animal, humanidade e animalidade, como também para a legitimação das práticas humanas de violência e assujeitamento dos demais viventes. Além disso, são propriedades que, como evidencia o filósofo franco-argelino, já não se sustentam mais diante dos extraordinários avanços da etologia contemporânea (e suas descobertas científicas relativas à complexidade das habilidades e linguagens animais),[20] nem dão conta das diferenças que há entre as inúmeras espécies animais existentes, incluindo a humana.

Vale lembrar que esses e outros pontos relativos à questão dos animais e dos limites do humano foram uma constante nos últimos anos de vida de Derrida, tendo também aparecido esparsamente em alguns de seus trabalhos anteriores. Datam de meados dos anos 1980 suas primeiras reflexões mais densas sobre o tema, a exemplo do sexto capítulo do livro *De l'Esprit: Heidegger et la question* [*Do espírito: Heidegger e a questão*], de 1987, e da entrevista concedida a Jean-Luc Nancy e primeiramente publicada em inglês, em 1989, sob o título "Eating Well, or the Calculation of the Subject" [Comer bem ou o cálculo do sujeito]. Mas foi na palestra "L'Animal que donc je suis (À suivre)" [O animal que logo sou (A seguir)], proferida em Cerisy-la-Salle em 1997 e publicada parcialmente no Brasil como livro,[21] em 2002, que Derrida verticalizou suas reflexões sobre o tema, desdobrando-as no Seminário *La Bête et le souverain* e abrindo um vasto campo de discussões que acabou por se estender a várias outras áreas do conhecimento.

Em *O animal que logo sou (A seguir)*, Derrida não apenas confronta a assertiva de Heidegger segundo a qual "o animal é pobre de mundo",[22] pelo fato de ser privado de *lógos*, mas realiza, a partir desse confronto, um apurado processo de desconstrução do humanismo logocêntrico do Ocidente, através do qual questiona também toda uma linhagem de filósofos a exemplo de Descartes, Kant, Levinas e Lacan, que, como Heidegger, valeu-se do animal como um mero teorema para justificar a racionalidade e a linguagem humanas como propriedades diferenciais (e superiores) dos humanos em relação aos outros viventes.[23] Nesse sentido, Derrida traz à tona algumas considerações feitas por Montaigne sobre logocentrismo e reconhece que os *Ensaios*, de seu precursor do século 16, já trazem para o pensamento ocidental uma ruptura explícita com o modelo hegemônico da filosofia de viés cartesiano, no que se refere à questão dos animais não humanos. Segundo ele, Montaigne "reconhece ao animal mais que um direito à comunicação, ao signo, à linguagem como signo (isto, Descartes não negará): *um poder de responder*".[24]

A partir dessa premissa, Derrida desconstrói a dicotomia entre reação e resposta, entre o reagir dos animais e o responder dos humanos, defendida por alguns pensadores modernos, como Jacques Lacan, sob a pressuposição da existência de um código que permitiria ao animal apenas a reação, e não a resposta. E, para embasar tal referência, Derrida cita um excerto da *Apologia*:

> Como eles não falariam entre eles? Eles falam a nós e nós a eles. De quantas maneiras nós falamos a nossos cachorros? *E eles nos respondem.* Outra linguagem, outros chamamentos partilhamos com eles e com os pássaros, com os porcos, os bois, os cavalos, e *mudamos de idioma* de acordo com a espécie.[25]

Segundo Cary Wolfe, o que Derrida deixa claro ao evocar Montaigne na discussão sobre o problema da resposta/reação é que o cartesianismo está assentado em dois pontos fundamentais, a serem desconstruídos: 1) a afirmativa de que os animais, não importa o quão sofisticados possam ser, só podem reagir, mas nunca responder ao que acontece em seu entorno; 2) a ideia de que a capacidade de responder depende de certos conceitos e simbolizações apenas possíveis pela linguagem.[26] É a esses pontos que Derrida se dedica na segunda parte da palestra, centrada em Lacan e intitulada "Et si l'Animal répondait?" [E se o animal respondesse?].[27] Seu alvo é a assertiva lacaniana de que o animal não responde, não tem inconsciente, não acede ao simbólico (por estar confinado no imaginário), não apaga seus próprios traços e, portanto, não pode ser alçado ao status de sujeito. Ou seja, o filósofo argelino efetua sua crítica ao cartesianismo de Lacan recuperando as ideias de Montaigne.

Mas o que Derrida ressalta com seus apontamentos (e que Montaigne parecia marcar ao mencionar determinadas habilidades comunicativas dos animais) não é, obviamente, a suposta capacidade de os viventes não humanos fazerem uso da linguagem humana, mas, sim, a existência de possíveis outras formas de linguagem através das quais os animais se comunicariam com seus pares e com os viventes de outras espécies, incluindo a humana. Sob esse aspecto, a falta de linguagem humana entre os bichos não seria de fato uma insuficiência, uma privação, visto que eles disporiam de outras modalidades de fala e pensamento, incomensuráveis em equivalências humanas. Algo, aliás, que as recentes pesquisas nesse campo têm evidenciado.

Animal, animot

Outro questionamento instigante de Derrida diz respeito ao uso, nos discursos dos referidos pensadores, da palavra "animal" no singular genérico, por acreditar que o confinamento de todos os viventes, fora o homem, num conceito único e homogeneizante é tanto uma falta contra os rigores do pensamento quanto um crime contra os animais. Nas palavras do filósofo:

> Neste conceito que serve para qualquer coisa, no vasto campo do animal, no singular genérico, no estrito fechamento deste artigo definido ("O animal" e não "animais") seriam encerrados, como em uma floresta virgem, um parque zoológico, um território de caça ou de pesca, um viveiro ou um abatedouro, um espaço de domesticação, todos os viventes que o homem não reconheceria como seus semelhantes, seus próximos ou seus irmãos. E isso apesar dos espaços infinitos que separam o lagarto do cão, o protozoário do golfinho, o tubarão do carneiro, o papagaio do chimpanzé, o camelo da águia, o esquilo do tigre ou o elefante do gato, as formigas do bicho-da-seda ou o ouriço da equidna.[28]

Daí a proposta do filósofo de se substituir a palavra "animal" pelo neologismo (uma palavra-valise) *"animot"*,[29] como forma de fazer ouvir, no singular da palavra animal, o plural "animais" (*animaux*) e mostrar como a linguagem afeta o nosso acesso à complexidade do mundo não humano. Isso, mesmo sabendo que o termo não passa de um artifício, um nome forjado pela razão, ou uma quimera, já que todo conceito de animal ou de animais é sempre uma construção humana. Afinal, o que realmente sabemos sobre esses radicalmente outros, visto que, segundo John

Berger, "o que sabemos sobre os animais é um índice de nosso poder, e assim é um índice que nos separa deles"?[30] O saber que os homens julgam possuir se aloja, assim, nos limites do conhecimento racional, no enquadramento específico de uma percepção instituída, servindo, inclusive, para justificar os processos de marginalização e coisificação desses outros.

Outro ponto relevante no pensamento de Derrida sobre essa questão diz respeito a suas observações sobre o Antigo Testamento, mais especificamente o Gênesis, ao evidenciar que, desde a Bíblia, o homem se sente autorizado a instaurar sua propriedade e sua superioridade sobre a vida animal. Uma superioridade, segundo ele, "infinita e por excelência", que "tem de próprio ser incondicional e sacrificial"[31] e está longe de acabar. Ou seja, é uma espécie de sujeição que perdura, de diferentes maneiras, até os dias de hoje, quando a caça, o sacrifício, o adestramento e a exploração da energia animal tornaram-se práticas obsoletas diante dos métodos tecnológicos instituídos a serviço do mercado e do "bem-estar" da sociedade de consumo: criação e adestramento massivos, experimentações genéticas, inseminações artificiais indiscriminadas, abates em larga escala nas fazendas industriais, aprisionamentos e tratamentos cruéis de porcos e aves nas granjas modernas etc. São práticas a que Derrida dá, por fim, o nome de violência:

> Ninguém mais pode negar seriamente e por muito tempo que os homens fazem tudo o que podem para dissimular essa crueldade, para organizar em escala mundial o esquecimento ou o desconhecimento dessa violência que alguns poderiam comparar aos piores genocídios.[32]

Diante da filosofia humanista antropocêntrica que, ao marcar a oposição entre homem e animal sob critérios hierárquicos, abre espaço para que tais práticas de violências aconteçam, Derrida aponta duas grandes "situações de saber" sobre os animais: a que reduz o animal a uma coisa, "uma coisa vista mas que não vê", e a que se sustenta na troca de olhares com ele. A primeira estaria assentada na cisão abissal entre humanidade e animalidade, justificada pela ideia de *lógos*. Já a segunda, tomada como uma recusa do conhecimento exclusivamente racional, adviria do desejo de apreender o outro também pelos sentidos e pelo coração. A partir dessas duas possibilidades humanas de conhecer os viventes não humanos, Derrida formula uma proposição: "Pois o pensamento do animal, se pensamento houver, cabe à poesia, eis aí uma tese, e é disso que a filosofia, por essência, teve de se privar. É a diferença entre um saber filosófico e um pensamento poético."[33]

Os paradoxos do olhar

Ao priorizar a troca de olhares no ato de apreensão da alteridade animal, Derrida não apenas defende uma aproximação corporal, sensível, entre a espécie humana e as demais, como também confere a cada animal (aqui no singular particular) o estatuto do que chamamos de sujeito. Reconhece-o como um ser que, em sua singularidade, olha, sente, sofre, tem inteligência e saberes próprios sobre o mundo. E nisso sua leitura se encontra com a de Montaigne.

Mas, ao se referir ao ato de olhar um animal e ser olhado por ele, Derrida – não obstante suas afinidades intelectuais e afetivas com Montaigne – parte de uma experiência pessoal: a de ter-se surpreendido, nu e em silêncio, diante do olhar de seu gato (ou gata), um animal de carne e osso, fora dos artifícios do conceito e da metáfora. Para o filósofo, foi exatamente essa consciência de se ver observado por um "olhar animal" que lhe possibilitou enxergar "o limite abissal do humano", "os confins do homem", levando-o ao trespassamento das fronteiras entre o humano e o não humano, em direção ao "animal em si, ao animal em mim e ao animal na falta de si-mesmo".[34] Cito um fragmento:

> Que me dá a ver esse olhar sem fundo? Que me "diz" ele que manifesta em suma a verdade nua de todo olhar, quando essa verdade *me dá a ver* nos olhos do outro, nos olhos *vendo* e não apenas vistos pelo outro? Penso aqui nesses olhos que veem ou nesses olhos de vidente cuja cor seria ao mesmo tempo *ver e esquecer.*[35]

O olhar sem fundo do animal está, para o filósofo, na ordem do não sabido. Ao mesmo tempo, ao se manifestar em sua verdade nua, leva o homem ao reconhecimento de si mesmo. É um olhar próximo e alheio, cúmplice e arredio, ao mesmo tempo.

Emerge, aqui, um outro escrito derridiano voltado para os paradoxos da animalidade em relação aos paradoxos da poesia. Trata-se de um breve texto intitulado "Che cos'è la poesia?", de 1988, no qual o filósofo elege como eixo da discussão uma imagem animal: a do ouriço que se enovela sobre si mesmo ao ser lançado, solitário, numa rodovia, como uma bola de espinhos. Exposto aos acidentes da estrada, ele se protege, enrolando-se, ao mesmo tempo que se abre como perigo para quem ousa tocá-lo. E esta condição paradoxal do animal de, simultaneamente, fechar-se sobre si e se expor ao mundo é, segundo o filósofo, o estado do próprio poema. "Não há poema sem acidente, não há poema que não se abra como uma ferida e também abra uma ferida", afirma ele.[36]

O ouriço jogado na estrada incita-nos, como o poema, à experiência do "pegar e largar", do toque que se retrai ao contato do espinho, mas que resta no corpo como incisão, ferida ou segredo. E, como observa Evando Nascimento, o próprio texto de Derrida "configura-se como o ouriço de que fala", por se tratar de "um pequeno ensaio que é também, a seu modo, uma nota-resposta à questão vinda do estrangeiro, da língua do outro, no caso o italiano: *Che cos'è la poesia?*".[37] Isso porque Derrida escreveu o ensaio em francês para responder à questão proposta em italiano pela revista *Poesia*, a partir de um jogo com o personagem

Odradek de Kafka. Traduzido para o italiano, o texto foi publicado em 1988 na Itália.[38]

Na condição de metáfora da poesia, o ouriço exposto a sua própria sorte só se presta à definição se nos permitimos, segundo Derrida, "desamparar a memória, desarmar a cultura, esquecer o saber, incendiar a biblioteca das poéticas",[39] ou seja, entrar no registro da poesia. Uma experiência que passa, assim, pelo desejo de aprender *par coeur*, pelo coração. Mas o coração, neste caso, não se confunde com "o coração arquivado em eletrocardiogramas, objeto de saberes e técnicas". Nas palavras do filósofo:

> Assim desperta em ti o sonho de *aprender de cor*. De deixares que o coração te seja atravessado pelo ditado. De uma só vez, e isso é o impossível, isso é a experiência poemática. Não conhecias ainda o coração, assim o aprendes. Por esta experiência e por esta expressão. Chamo poema àquilo que ensina o coração, que inventa o coração, enfim *aquilo que* a palavra coração parece querer dizer e que na minha língua mal distingo da palavra coração.[40]

Por outro lado, podemos conjeturar que, se a poesia é capaz de nos levar ao mundo incógnito (e espinhoso) da animalidade, "essa coisa que, ao mesmo tempo, se expõe e se retrai",[41] a escrita de tal coisa só pode se manifestar enquanto um "fingimento", aqui tomado na acepção de Fernando Pessoa como uma ficção poética.

Pensar, imaginar e escrever o animal não deixa, portanto, de ser uma experiência que se aloja nos limites da linguagem, lá onde a aproximação entre os mundos humano e não humano se torna viável, apesar de eles não compartilharem um registro comum de signos. E, ainda que sempre falhe tal experiência de traduzir esse "outro mais outro que qualquer outro", que está fora e dentro de nós mesmos, a poesia deixa sempre um resto, um rastro de saber sobre ele.

Já que não é possível traduzir inteiramente em palavras um lobo em sua singularidade animal, cabe aos poetas escrevê-lo "à *pas de loup*", uma vez que essa expressão, como elucidou Derrida, traz no vocábulo "*pas*" tanto o substantivo "passo" quanto o advérbio "não" (este indicando uma ausência, a ausência do lobo onde seu passo furtivo se inscreve).[42] Em outras palavras, o que está implícito nesse sintagma, pela "intrusão clandestina" do advérbio, é que o lobo não está lá.

Se os poetas fazem da poesia um espaço possível para que essas possibilidades se tornem plausíveis, ainda que na esfera da ficção, Derrida, por sua vez, também não se furta aos recursos da poesia para tentar desconstruir os chamados "próprios do homem" e, pela via do paradoxo e da transversalidade, evidenciar que a travessia das fronteiras entre as esferas humana e não humana consiste em reconhecer, ao mesmo tempo, as diferenças que distinguem os homens dos outros animais e a impossibilidade de essas diferenças serem mantidas como instâncias excludentes, uma vez que os humanos precisam se aceitar como animais para se tornarem humanos.

Narrativas da animalidade

Não ter nascido bicho parece ser uma de minhas secretas nostalgias. Eles às vezes clamam do longe de muitas gerações e eu não posso responder senão ficando desassossegada. É o chamado.

(Clarice Lispector)

Cenas da vida animal: ficção e zoopolítica na obra de J. M. Coetzee

Ética e poética do vivente

Se Michel de Montaigne emerge, no âmbito da filosofia ocidental, como um precursor importante para o debate contemporâneo sobre as políticas da vida, isso se deve, entre outras coisas, à associação feita por ele entre a violência contra os animais e a violência contra as pessoas. Associação que, hoje, tem sido uma das poderosas linhas de discussão no campo da biopolítica, além de uma questão premente na literatura contemporânea.

Os livros do escritor sul-africano J. M. Coetzee evidenciam isso de maneira incisiva, visto que a maioria deles aborda, explícita ou obliquamente, as questões do animal e das relações entre humanos e outros viventes. Para tanto, o autor vale-se de um viés prismático e paradoxal, levando o debate para os campos da ética, da política e da literatura, ao mesmo tempo.

O livro mais exemplar nesse caso é, sem dúvida, *A vida dos animais*,[1] que reúne duas conferências forjadas em forma narrativa e atribuídas a uma fictícia escritora australiana chamada Elizabeth Costello,[2] vegetariana por opção ética, que denuncia a crueldade que marca a relação entre homens e animais na nossa civilização.

Várias vozes se entrecruzam nesse livro que é, ao mesmo tempo, um romance e um conjunto de ensaios/conferências, em que ficção e reflexão crítica se mesclam de maneira indissociável. As duas conferências, "Os filósofos e os animais" e "Os poetas e os animais", são proferidas por Costello no Appleton College, em Waltham (EUA),[3] e, na ocasião, a escritora se hospeda na casa do filho e da nora, com os quais mantém uma relação não isenta de conflitos, o que propicia a mistura do acadêmico com o ficcional.

As ideias extremas de Costello em defesa dos viventes não humanos, em confronto com o antropocentrismo e o especismo ocidentais, suscitam não apenas reações críticas de outros personagens do romance que compõem a audiência das palestras, mas também as reflexões de quatro intelectuais não fictícios,[4] incluídas estrategicamente no final, como anexos integrantes do livro. Do que advém o caráter multifacetado e polifônico do conjunto.

Há uma proposição, já quase no final do livro, que poderia ser tomada como um dos eixos da discussão deflagrada por Coetzee. Formulada pela protagonista no momento em que conversa com o filho antes do debate final que se segue à segunda palestra, a afirmação é contundente: "tratamos os animais como prisioneiros de guerra".[5] Começando por se reportar aos zoológicos, ela avança para considerações mais amplas sobre as práticas de confinamento, escravidão e matança dos animais. Do que se pode concluir que os humanos sempre se arrogaram o poder de dispor sobre a vida e a morte desses outros que, como diria Derrida, são "mais outros que qualquer outro".

Se não há leis que amparam os prisioneiros de guerra, a crueldade acaba por se estabelecer como prática legítima para a ordem soberana. E assim acontece, segundo Costello, com os animais:

> O prisioneiro de guerra não pertence à nossa tribo. Podemos fazer o que quisermos com ele. Podemos sacrificá-lo aos nossos deuses. Podemos cortar seu pescoço, arrancar seu coração, atirá-lo ao fogo. Não existe lei quando se fala em prisioneiros de guerra.[6]

Os animais estariam, assim, num permanente "estado de exceção", ou seja, numa situação extrema "que só inclui algo através da sua exclusão", para usar aqui as palavras de Giorgio Agamben.[7] Em torno desse eixo, Costello critica o antropocentrismo, discute as práticas de violência dos humanos contra os humanos como consequências da relação de poder/dominação entre homens e animais, além de evidenciar como alguns poetas, à feição do inglês Ted

Hughes, souberam lidar com a outridade dos animais, sem convertê-los em metáforas em prol da superioridade humana. Para ela, a crueldade contra os animais é "um crime de proporções inimagináveis",[8] do qual os humanos costumam escapar ilesos.

Se em tais apontamentos de Costello/Coetzee podemos identificar ecos das ideias precursoras de Montaigne, eles também não deixam de nos conduzir às reflexões realizadas por Jacques Derrida na já referida obra *O animal que logo sou*, quando ele mostra que, desde o Antigo Testamento, mais especificamente o Gênesis, o homem se sente autorizado a exercer seu domínio e sua superioridade sobre a vida desses outros.[9]

A compaixão entra, nesse contexto, como um gesto de compartilhar do sofrimento entre os viventes, de romper "a negação organizada dessa tortura", dessa guerra sem idade. No entanto, como observa Elizabeth Costello, "nossa compaixão é muito rarefeita".[10] Coetzee, por sua vez, ao levar essas ideias de Costello em discussão por outras pessoas e personagens, deixa, deliberadamente, as questões sem respostas. E extrai desse conjunto de ideias mais uma indagação: o que pode a literatura fazer diante de tudo isso?

A obra do autor que dá uma resposta ficcional a essa indagação é, sem dúvida, *Desonra*, de 1999, na qual as relações entre humanos e animais são tratadas sem dicotomias excludentes, com a mesma complexidade com que são discutidas as relações entre brancos e negros, homens e mulheres no contexto da África do Sul pós-apartheid. O que não quer dizer que outras obras de Coetzee não cumpram esse papel.

Vale lembrar, aliás, outros romances do autor em que essa questão dos animais é tratada de forma relevante, e aos quais os discursos incisivos de Elizabeth Costello – em confronto e interação com os demais discursos de *A vida dos animais* – oferecem uma base teórica (móvel, paradoxal). O primeiro é *No coração do país* (1977), diário ficcional de uma mulher insana e solitária que vive no meio rural da África do Sul entre insetos e em contato diário com os animais que cria (ou deixa morrer) na sua decadente fazenda. Os demais são *Foe* (1986), em que Coetzee explora as interfaces entre domesticação e hominização, natureza e cultura, por meio da figura de Robinson Crusoé; *Infância* (1997), romance autobiográfico em que as relações entre humanos e animais no mundo rural são tratadas a partir dos primeiros impactos de uma criança diante da exploração e da matança cruel de animais no campo; e *Diário de um ano ruim* (2007), que apresenta algumas inserções ensaísticas do protagonista sobre a situação dos animais nas fazendas industriais de produção de carne e sobre outros temas de feição bioética.

Em todos eles, J. M. Coetzee coloca em xeque, por vias ficcionais, toda a tradição filosófica iniciada por Aristóteles, quando este anexou o adjetivo "político" ao substantivo "animal" para designar o ser humano. Explora, ainda, os possíveis vínculos entre a vitimização de animais e problemas sociais humanos, tomando a questão dos animais como um permanente desafio ético para a humanidade, numa explícita abertura ao debate contemporâneo em torno do problema.

Desonra destaca-se, em relação aos outros romances mencionados, como o mais incisivo e complexo. Escrito em uma linguagem sem adereços, aborda as relações entre brancos e negros, homens e mulheres, humanos e animais, sob uma ótica que não cede espaço a dicotomias excludentes. Os grandes conflitos de ordem social e política incidem com força na narrativa, mas sem qualquer eloquência, visto que a ênfase é dada, sobretudo, a episódios particulares, situações domésticas, relações pessoais e cenas da vida prosaica. Nesse sentido, Coetzee se aproxima daquilo que Jorge Luis Borges chamou de "o pudor da história", ao considerar que os acontecimentos secretos, circunstanciais, que não tiveram qualquer influência nos livros de história, foram aqueles que realmente determinaram o curso das coisas. Ou, nas palavras do próprio Borges: "desconfio que a história, a verdadeira história, tem mais pudor e que suas datas essenciais podem ser também, durante longo tempo, secretas".[11]

Esse privilégio dado a situações pouco estrondosas se faz ver não apenas no confronto paradoxal que o autor propõe entre o comportamento profissional-sexual do professor David e a experiência traumática de Lucy, mas também no embate entre a condição humana do personagem e sua própria condição animal, num contexto em que as antigas relações de dominação se encontram minadas pela busca sofrida de sobrevivência por parte de todos os viventes (humanos e não humanos) e pelos sentimentos de culpa e ressentimento. Ou seja, o autor privilegia histórias particulares e delas extrai as inevitáveis inflexões político-sociais que as envolvem, de forma a evidenciar que a história não se presta à representação imediata, mas se dá a ver por vias transversas.

Nesse sentido, ele se destaca como o pensador que, no âmbito da literatura, mais contribuição tem dado a esse debate em expansão em vários campos disciplinares, propiciando novas maneiras de reconfigurar, fora dos domínios do antropocentrismo e do especismo, o próprio conceito de humano.

Desonra *ou o mundo cão*

Ao contrário do que se poderia pensar, *Desonra* não é uma espécie de manifesto em prol dos chamados direitos dos animais, não obstante problematize e denuncie a condição dos viventes não humanos numa sociedade atravessada pelo peso histórico da barbárie e num país onde, segundo uma das personagens, na lista de prioridades não existe lugar para eles.[12] Como diz Tom Herron, o livro não advoga nenhuma ideologia, porém, "à medida que a história se desenvolve, os animais emergem das sombras e ocupam um lugar explícito, com um peso ético e político". E completa: "Eles tornam-se o tema do romance, eles se tornam o que importa."[13]

O foco principal da discussão é a condição à margem da margem ocupada pelos animais num país com graves problemas de desigualdade social e racial, no qual esses seres representam o último grau na escala de relevância para a nação e, portanto, podem ser submetidos a todas as atrocidades possíveis por todos os humanos, independentemente da posição que estes ocupam na ordem hierárquica das camadas sociais estabelecidas. São seres, portanto, radicalmente desgraçados, que vivem em extremo estado de penúria, ao mesmo tempo que recebem de alguns personagens da trama manifestações contraditórias (e rarefeitas) de compaixão. Neste caso, uma compaixão que faz do ato de matar "humanitariamente" a única salvação possível para eles.

Metáforas animais são recorrentes nos dizeres do personagem David Lurie, principalmente sob o recurso do discurso indireto livre. Isso ocorre, sobretudo, na primeira parte do romance, quando ele ainda vive em Cape Town e força um envolvimento sexual com Melanie, sua jovem aluna na universidade, após ter se relacionado durante muito tempo com Soraya, uma prostituta que acaba se desvencilhando dele em decorrência de invasão de privacidade.

A propensão do professor de meia-idade a caracterizar pessoas e situações em seu entorno com termos oriundos do campo semântico zoo se faz ver em diversas passagens: Soraya, por exemplo, é caracterizada como "cobra" no ato sexual e como "raposa na toca com os filhotes", quando ele a assedia na casa dela; Melanie é comparada a uma "pobre avezinha" que ele aperta contra o peito; ele mesmo se compara ironicamente a "um tubarão no meio de peixinhos indefesos" ao ser acusado pelos próprios colegas de ter cometido abuso contra a aluna e, num movimento inverso, caracteriza seus detratores como "caçadores que encurralaram um animal estranho e não sabem como acabar com ele". Por ser um homem urbano por excelência, os animais se afiguram para ele quase sempre como metáforas ou referências culinárias.

Não é de se estranhar, portanto, que, quando vai para a fazenda da filha, depois de ter sido exonerado do cargo de professor por assédio sexual, David chegue lá um tanto despreparado para a convivência direta com os animais e passe por um processo de animalização que, paradoxalmente, não deixa de levá-lo ao reconhecimento de sua própria condição humana (não necessariamente superior à dos demais viventes). Tanto que, numa das passagens, ele diz à filha, Lucy: "A única vida que existe é esta aqui. Que a gente reparte com os animais."[14] E o que é a vida dos animais no mundo rural rústico, antes (ou à revelia) do surgimento das fazendas industriais do mundo contemporâneo? Como já apontou John Berger, entre os camponeses, animais são "subjugados *e* idolatrados, criados *e* sacrificados". Diz ele:

Um camponês se torna amigo de seu porco, e fica feliz em salgar sua carne. O que é significativo e difícil para a compreensão de um estranho, morador das cidades, é o fato de as duas sentenças estarem ligadas por um *e*, e não por um *mas*.[15]

A convivência entre espécies, atravessada por sentenças contraditórias, compõe um tipo de comunidade híbrida, na qual a animalidade não é vista como perigo, mas como condição compartilhada entre seres diferentes. Porém, é uma ordem regida pelo poder humano de matar ou deixar viver, e esse é um paradoxo que faz parte da vida de Lucy – jovem de ideais libertários que adota a vida de camponesa –, Petrus, um trabalhador negro que, após o desmantelamento do apartheid, se torna sócio dela na fazenda, e os animais considerados úteis. Um paradoxo feito de afetos e crueldade ao mesmo tempo.

Muitos animais preenchem os dias e as horas de David Lurie no campo: desde os carneiros que serão abatidos e servidos na festa de Petrus, não sem antes perecerem de sede e fome pelo simples fato de estarem condenados à morte, até os patos, as galinhas, os porcos, as cabras, os bodes, os gansos, o gado, os gatos, as abelhas, os pássaros em gaiola, os pombos, as moscas que ocupam o espaço comum da fazenda. Todos são postos em alto-relevo no romance a partir do momento em que David sai do espaço urbano e se defronta com o outro lado da realidade econômico-social da África do Sul, onde experimenta sua "catábase", sua descida aos infernos mais efetiva, sobretudo após o traumático episódio em que Lucy é estuprada por três homens negros e, contra a postura vingativa do pai, aceita conscientemente a situação, por achar que a reparação histórica dos crimes cometidos contra os negros no passado é um processo necessário e quase impossível de ser detido.

Mas não são propriamente os animais úteis da vida rural que passam a povoar a nova vida de David e, por extensão, grande parte da narrativa, e sim os cães abandonados, doentes, carentes e condenados ao extermínio porque não servem para nada, "porque são indesejáveis: *porque são demasiados*", para usar aqui as palavras do narrador.[16]

Por um lado, há os cães do "hotel" canino que Lucy mantém no quintal de casa, os quais recebem tratamento digno, já que estão ali para serem cuidados enquanto esperam por seus donos, embora não haja garantias de que estes voltem para buscá-los e paguem Lucy pelos serviços prestados. Este é o caso da cadela Katy que, abandonada no canil, sabe que "ninguém quer saber dela".[17] A garantia de sobrevivência desses cães de raça (dobermanns, pastores-alemães, ridgebacks, bull terriers, rottweilers) tampouco existe, como confirma a trágica cena em que os estupradores de Lucy invadem a casa e dizimam barbaramente os cachorros do canil. Só a buldogue Katy se salva.

Por outro lado, há os cachorros miseráveis da "Liga pelo Bem-Estar dos Animais", uma espécie de clínica dirigida pela estranha personagem Bev Shaw que, em nome da compaixão e da responsabilidade ética, pratica a eutanásia desses e alguns outros animais não desejados, como forma de livrá-los do sofrimento de viver. "Vão todos morrer?", pergunta David à mulher, depois de percorrer o terreno da clínica, onde vê "um bando de vira-latas esquálidos lotando duas jaulas a ponto de explodir, latindo, chorando, ganindo, pulando de excitação". Ao que ela responde: "Os que ninguém quiser. A gente sacrifica".[18] É interessante como David, de alguma forma, vê a sua própria desgraça espelhada nesses cães e, ao ajudá-los a morrer (ele passa a auxiliar Bev Shaw na tarefa de "libertá-los" e de se livrar deles), exercita covardemente o que lhe resta de poder, de soberania: administrar a vida e a morte de uma criatura em radical estado de penúria, com a qual ele não deixa de se identificar, em seu estado de solidão, decadência, exclusão e desonra.

O cão, como aponta Susan McHugh, é o animal que oferece as conexões mais primárias entre os mundos humano e o animal, visto que sua existência é impensável fora dos domínios humanos. "As origens do cão paradoxalmente coincidem com o fato de eles se tornarem parte da vida cotidiana dos humanos", diz ela.[19] Quando amados, recebem toda gama de afetos, mas, quando rejeitados e descartados, passam a representar a escória e, na condição de vira-latas, a ser associados aos humanos que também vivem à margem da vida social e política. A vida a que têm acesso é, assim, uma espécie de "matéria bruta", ou uma "vida nua", como Agamben a nomeou, sobre a qual o poder soberano se reproduz. É uma "vida indigna de ser vivida" e que, por ter perdido "a qualidade de um bem jurídico", perdeu definitivamente todo o seu valor para a sociedade.[20]

Para Agamben, o conceito de "vida sem valor" (ou "indigna de ser vivida") aplica-se, sobretudo, aos indivíduos considerados "irremediavelmente perdidos na sequência de uma doença ou de um ferimento", o que justificaria, entre outros procedimentos "humanitários" para eliminá-la, a eutanásia.[21] Como a que é praticada por Bev Shaw em sua clínica. Ou seja, é uma prática que se inscreve nos domínios da biopolítica, visto que o poder soberano é exercitado por quem decide acerca do valor ou do não valor da vida enquanto tal.

E aqui emerge uma questão: a vida importa menos para um animal? As palavras de Elizabeth Costello, em *A vida dos animais,* são uma resposta contundente a essa pergunta: "quem diz que a vida importa menos para os animais do que para nós nunca segurou nas mãos um animal que luta pela própria vida; todo o seu ser está na carne viva".[22] Aliás, é o que narrador descreve em algumas cenas da vida/morte animal em *Desonra,* como neste fragmento em que David Lurie percebe o quanto a morte importa para os cães da clínica:

> Todo o seu ser fica tomado pelo que acontece naquela arena. Está convencido de que os cachorros sabem que chegou a sua hora. Apesar do silêncio e do procedimento indolor, apesar dos bons pensamentos que Bev Shaw fica pensando e que ele tenta pensar, apesar dos sacos hermeticamente fechados em que colocam os corpos, os cachorros do quintal farejam o que acontece lá dentro. Baixam as

orelhas, enfiam o rabo entre as pernas, como se também eles sentissem a desgraça que é morrer; travam as pernas e têm de ser empurrados, puxados ou carregados para a porta. Na mesa, alguns se debatem furiosamente de um lado para outro, outros soltam ganidos melancólicos; nenhum olha para a agulha na mão de Bev, que de alguma forma sabem que vai lhes fazer um mal terrível.[23]

Numa entrevista concedida a Jean-Luc Nancy, Derrida chamou a atenção para o fato de o mandamento "Não matarás" nunca ter sido entendido, na tradição judaico-cristã, como "Não matarás os viventes em geral". Segundo ele, "o outro é sempre um outro homem: o homem como outro; o outro como homem".[24] A morte, assim, no âmbito da "máquina antropológica do humanismo" é uma experiência exclusivamente humana, visto que, para os humanistas logocêntricos, os animais não têm consciência da morte e, portanto, não a experimentam *como tal*. Daí que, como afirmou Derrida, em uma das sessões de seu seminário *La Bête et le souverain*, "é-se desculpado de qualquer crime contra qualquer vivente não humano".[25]

Em *Desonra*, contudo, a culpa é um elemento importante nas cenas de eutanásia e descarte de cães, embora ela não incida de forma determinante nas ações dos personagens: o que eles sentem não altera necessariamente o que, para eles, tem de ser feito: sacrificar. Lucy, por exemplo, comenta com David que Bev sacrifica os cachorros não porque quer, mas por responsabilidade, e "fica muito mal depois".[26] O próprio David, que afirmou ironicamente gostar de animais (ou de algumas partes deles) porque os come, surpreende-se com sua própria crise de choro dentro da Kombi em que costuma levar os corpos dos cães para o descarte. "Quanto mais mortes ajuda, mais nervoso fica", afirma o narrador antes de relatar a cena. David chega, inclusive, a cogitar – diante dos afagos de Bev Shaw aos cães no momento de sacrificá-los com a injeção letal – que ela, no fundo, talvez não seja "um anjo libertador, mas um diabo" que sob os gestos de compaixão esconde "um coração mais duro que o de um açougueiro".[27] Isso remete a uma pergunta que Marjorie Garber, em seu comentário sobre as palestras de Elizabeth Costello, formula: "O que a importância dada aos animais nos revela sobre as pessoas?"[28] Ou, em outros termos: o que o *tratamento* dado aos animais revela sobre as pessoas? David busca estabelecer essa relação ao se perguntar se Bev Shaw poderia mesmo merecer sua confiança: "Os animais confiam nela, e ela usava essa confiança para sacrificá-los. Que lição tem para tirar dali?"[29]

Por outro lado, David é quem realiza o sacrifício mais controverso de toda a narrativa, revelando em si mesmo o que ele atribui a Bev Shaw. A cena se passa no final do romance e envolve um cão aleijado que gosta de David e se torna a única criatura a ouvir e apreciar a ópera de câmara que o ex-professor compõe sobre Byron. "O animal fica fascinado com o som do banjo", diz o narrador.[30] O cão é descrito como "um jovem macho que tem um quarto traseiro murcho que arrasta pelo chão", e que ninguém quis adotar. Consta que David começou a sentir "carinho particular" por ele, embora com o cuidado de não atribuir um nome ao animal (afinal, nomear é instituir como sujeito), pois sabe que ele é uma criatura condenada à agulha. O cão, por sua vez, passa a dedicar ao homem uma afeição generosa, ao ponto de o narrador afirmar: "o cachorro é capaz de morrer por sua causa, ele sabe disso".[31]

A atitude de David no fim do livro, quando decide pelo sacrifício do animal, surpreende a própria Bev Shaw. Após o vigésimo terceiro cão sacrificado do dia, sobra o aleijado, que gosta de música, e a mulher chega a sugerir que David deixe o cachorro para a semana que vem. Ele, entretanto, prefere exercer seu poder de administrar a vida e a morte do cão, como se esse fosse o único poder que lhe restasse depois dos sucessivos fracassos que viveu desde sua exoneração da universidade, ou como se seu orgulho não lhe permitisse o amor de um cão miserável. Outra explicação possível é que, ciente de que sua própria vida caiu irremediavelmente em desgraça, decide "chutar o balde" e acabar de vez com o cachorro – espelho de sua própria condição.

A particularização do cachorro, nesse contexto, faz emergir outra questão: a do sujeito animal. Quem é esse outro que sente, sofre, deixa-se seduzir pela música e é capaz de amar? Como definir a subjetividade animal, se não somos capazes de saber, intrinsecamente, o que é ser um cachorro?

Esse problema foi também levantado por Elizabeth Costello quando trouxe à tona o filósofo americano Thomas Nagel, autor do artigo "What Is it Like to Be a Bat?" [Como é ser um morcego?].[32] A personagem questiona os argumentos do filósofo, por considerar que a pressuposição de que "precisamos ser capazes de experimentar a vida do morcego por meio das modalidades sensoriais de um morcego"[33] é equivocada, visto que o que importa não são propriamente as especificidades fisiológicas do animal, mas a noção de *vida*. Nas palavras de Costello: "Estar vivo é ser uma alma viva. Um animal – e somos todos animais – é uma alma inserida num corpo."[34] Se compartilhamos com os animais não humanos a condição de vivente, podemos sentir (ou imaginar) o que ele sente enquanto ser vivo, independentemente de sua espécie. Para ela, a recusa de se imaginar no corpo do outro, na vida do outro, é a base de muitos atos de crueldade. A alegação de que a linguagem e o pensamento são imprescindíveis para que a subjetividade se constitua enquanto tal é, sob esse prisma, algo inaceitável.

Pode-se dizer, a partir desses apontamentos, que o estatuto do "Quem" é a grande linha de força do romance *Desonra*, pois tudo, na narrativa, gira em torno desse eixo que envolve, num contexto sociopolítico extremamente problemático, diferentes sujeitos e subjetividades em tensão e contradição, sejam humanos, sejam não humanos. Quem, nesse contexto, tem o direito de matar, violentar? Quem tem o poder de legislar sobre a vida do outro? Quem deve morrer para ser salvo? Quem tem o direito de viver, mesmo que em desonra, em desgraça?

Coetzee, como se sabe, não oferece respostas para os impasses e paradoxos do livro, mas deixa claro que o conflito que os rege, inscrevendo-os na esfera biopolítica, é o conflito intrínseco entre o que se chama de animalidade e os limites do que é chamado de humano.

Zooliteratura moderna brasileira

> *Um animal (qualquer)*
> *se alça a pata espessa*
> *sobre o mundo atormenta.*
>
> (Luiza Neto Jorge)

Entre espécies: a ficção animalista de Rosa

O conto (ou reportagem poética) "Entremeio com o vaqueiro Mariano" – incluído postumamente no livro *Estas estórias*, de 1969 – resulta de uma viagem feita por João Guimarães Rosa ao Pantanal do Mato Grosso do Sul, em 1952. É um texto singular, no qual o escritor mineiro relata, poeticamente, o encontro e a longa conversa "à luz do lampião" que teve com José Mariano da Silva, "um vaqueiro que reunia em si, em qualidade e cor, quase tudo o que a literatura empresta esparso aos vaqueiros principais".[35]

Como explica o próprio Rosa no início do relato, o propósito da conversa com Mariano foi "aprender mais sobre a alma dos bois" com base nos fatos, cenas e casos contados pelo experiente vaqueiro.

O que se depreende da fala de Mariano é, de fato, um grande conjunto de saberes não apenas sobre a vida bovina em geral, como também sobre cada um dos animais que integram a boiada. Saberes que advêm da convivência diária do homem com os bichos e da interação afetiva e efetiva com eles. Mariano sabe os nomes de cada vaca, cada boi. Descreve os caprichos e talentos de cada um, como se estivesse falando de amigos ou parentes, e sua própria humanidade se molda por essa convivência diária com os animais. Não à toa, ele chega a dizer, a certo ponto, que "aqui o gado é que cria a gente".[36] Isso porque, para ele, os animais são seres com nome próprio, hábitos, percalços, dificuldades e experiências emocionais diversas.

A boiada, assim, parece fazer parte de uma grande comunidade (hoje quase utópica), na qual humanos e não humanos convivem em relação de amizade, cumplicidade, conflitos, trocas afetivas e até manifestações de ódio, já que, segundo Mariano, "tem boi que pode tomar ódio de uma pessoa...".[37] E quando digo "quase utópica" é por entender que as comunidades rurais, baseadas na troca direta de experiências, afetos e interesses diversos entre humanos e não humanos, tornaram-se cada vez mais rarefeitas no mundo contemporâneo, em decorrência, sobretudo, do processo intenso de industrialização das fazendas brasileiras e do avanço galopante do chamado agronegócio nos campos e nas áreas florestais do país.

A conversa que Rosa relata faz parte de um tempo em que ainda existia o que o etólogo e filósofo francês Dominique Lestel chamou de "comunidade híbrida", ou seja, uma associação de homens e animais fundada "em interesses recíprocos e trocas mútuas" entre as diferentes espécies.[38] Um tipo de sociedade que, no mundo contemporâneo, está em completa extinção (e aqui menciono também a situação catastrófica dos povos indígenas no Brasil, somada ao contínuo desaparecimento dos animais livres, que vêm sendo substituídos pelos criados em reserva ou cativeiros, e pelos "produzidos" em granjas e fazendas industriais para viverem uma vida infernal e serem mortos logo depois. Para não mencionar, é claro, os animais domésticos – estes adestrados e humanizados ao extremo).

Tal conceito de "comunidades híbridas", desenvolvido originalmente no livro *L'Animalité* [A animalidade],[39] tem como referência principal as sociedades mistas e interespecíficas formadas ao longo dos séculos, sobretudo no mundo rural e selvagem, em tempos anteriores ao triunfo da ruptura cartesiana entre homem e animal, humanidade e animalidade. Sociedades que, se ainda resistem escassa e esparsamente no mundo pós-industrial, nunca deixaram de estar presentes na tradição literária. Como afirma Lestel, a literatura e as tradições narrativas

(...) estão repletas de exemplos de "relações privilegiadas" entre homens e animais, que se revestem por vezes de intensidades surpreendentes. Uma certa amizade ou fortes relações afetivas podem ser desenvolvidas entre humanos e bichos? As ficções populares respondem afirmativamente e multiplicam os exemplos.[40]

Guimarães Rosa é, sem dúvida, um autor que explora intensamente essas associações interespecíficas. No conto "Entremeio com o vaqueiro Mariano", a maneira poética como as falas do vaqueiro são apresentadas e articuladas deixa explícito o fascínio do autor pelo mundo das interações entre homens e animais. Percebe-se que é um texto elaborado por quem tem um profundo respeito não apenas pelos boiadeiros, como também pelos viventes não humanos que compartilham com os homens sua presença no mundo. A Guimarães Rosa não interessava apenas escrever *sobre* os animais, convertê-los em simples construtos literários, mas também procurou abordá-los como sujeitos dotados de sensibilidade, inteligência e conhecimentos sobre o mundo. Seu olhar sobre a outridade animal, como atestam inúmeras narrativas de sua autoria, está atravessado por um compromisso ético e afetivo com esses viventes. E é nesse sentido que ele pode ser considerado o maior animalista da literatura brasileira do século 20.

Tal afirmação justifica-se pela quantidade de personagens animais e inúmeras referências à fauna na obra rosiana.[41] Desde seu primeiro livro de contos, *Sagarana* (1946), Guimarães Rosa nunca deixou de conferir aos animais uma especial atenção, tomando-os quase sempre como sujeitos ativos, fora do amansamento antropomórfico e moralizador que constitui grande parte da zooliteratura ocidental. Além disso, os embates, as interações, o corpo a corpo dos homens com o mundo animal são bastante frequentes em suas narrativas, como também são os apontamentos do escritor sobre os aquários e os bichos enjaulados nos zoológicos do mundo, a exemplo das instigantes séries "Aquário" e "Zoo",[42] do livro póstumo *Ave, palavra*.

No que tange especificamente à série dos zoológicos, Rosa escreveu seis textos, cada um dedicado a um local visitado por ele: o Whipsnade Park, de Londres; o zoo da Quinta da Boa Vista, no Rio de Janeiro; o Hagenbeks--Tierpark, de Hamburgo-Stellingen (que aparece também no quinto texto); o Jardin des Plantes, de Paris, e o Parc Zoologique du Bois, de Vincennes. Compostos de fragmentos, esses escritos se oferecem também como notas de viagem e exercícios de afeto de quem gosta de animais e se interessa por eles. Cada extrato afigura-se como um *tópos* alternativo, porque poético, para um grupo ou um animal específico, numa ordenação que poderia ser (ou não) a da instituição visitada. Percebe-se, no conjunto, um misto de admiração, assombro, curiosidade, ludismo, ternura, compaixão e cumplicidade do narrador em relação às dezenas e dezenas de espécies que descreve, atento às particularidades de comportamento de cada um dos bichos retratados, como se pode constatar nos trechos a seguir, extraídos do "Jardin des Plantes":[43]

O arganaz: um joão ratão, cor de urucum, que fica em pé, retaco e irritado, eriça os bigodes, gesticula. Aberta, de raiva, sua boquinha preta se arredonda, frige, atiça perdigotos. É o rato-de-honras. Tem ombros, tem boa barba. Seria capaz de brigar com o resto do mundo.

O Mangusto, só a diminutivos. Eis: um coisinho, bibichinho ruivo, ratote, minusculim, que assoma por entre as finas grades a cabecinha triangularzinha. Mimo de azougue, todo pessoa e curiosidade, forte pingo de vida. Segura as grades, empunha-as, com os bracinhos para trás e o peito ostentado, num desabuso de prisioneiro veterano. Mas enfeitaram-lhe o pescoço com uma fitinha azul, que parece agradar-lhe mais que muitíssimo.

Chama a atenção, na seção referente ao zoológico de Hamburgo, a frase do pórtico reproduzida no início do texto, que parece justificar toda a série zoológica de Rosa: "Amar os animais é aprendizado de humanidade."[44] Do que se depreende um propósito também ético do escritor, ao poetizar a existência desses seres que estão à mercê de seus tratadores. A compaixão não deixa, portanto, de ser um ingrediente importante para que tal aprendizado se efetive, o que o próprio Rosa demonstra ao mencionar repetidamente um ratinho branco que foi colocado pelos funcionários do zoológico dentro da jaula de uma cascavel, para que os visitantes pudessem ver o espetáculo da devoração. Nesses fragmentos, o escritor parece entrar na pele do rato e, como que por contágio, traz para o corpo das palavras o tremor e o olhar "transido, arrepiado" do animalzinho comprimido num dos cantos da parede de tela, "no lugar mais longe que pôde".[45]

Cabe, por fim, mencionar a exploração que Rosa realiza dos traços de animalidade do humano, como se vê no conto "Meu tio o Iauaretê",[46] que narra a estória de um onceiro que, de tanto conviver com as onças, acaba por interagir com elas, assumindo suas características (unhas, cheiro, braveza etc.) e transformando-se, após esse processo de interação, num matador de homens. Ou seja, o Iauaretê se torna um homem-onça (o hífen, neste caso, é imprescindível, pois o homem continua homem mesmo tendo incorporado características de onça) através do contágio. Só que a metamorfose, nesse caso, inscreve-se sobretudo na linguagem do personagem, visto que se zoomorfiza através da desarticulação das palavras e do uso de onomatopeias estranhas, alheias ao léxico humano:

> Ói a onça! Ui, ui, mecê é bom, faz isso comigo não, me mata não... Eu – Cacuncozo... Faz isso não, faz não... Nhenhenhém... Heeé!... Hé... Aar-rrâ... Aaâh... Cê me arrhoôu... Remuaci... Rêiucàanacê... Araaã...Uhm... Ui... Ui... Uh... uh... êeêê... êê... ê...[47]

Nesse conto inquietante, o trânsito do personagem entre os mundos humano e não humano poderia se aproximar, resguardadas as peculiaridades próprias do escritor mineiro, daquilo que Deleuze e Guattari designaram de "devir-animal",[48] já que não implica, como nas metamorfoses convencionais, uma mudança física do sujeito, mas sim um trespassamento de fronteiras, que leva o homem para além da subjetividade humana, abrindo-o para formas híbridas de existência. Como afirmam os filósofos, tal processo "não consiste em se fazer de animal ou imitá-lo", uma vez que o homem não se transforma "realmente" em animal: "O devir-animal do homem é real, sem que seja real o animal que ele se torna; e, simultaneamente, o devir-outro do animal real sem que esse outro seja real".[49] O onceiro de Rosa, nesse sentido, torna-se onça sem virar, explicitamente, uma onça. Em outras palavras, permanece humano, mas em estado híbrido de onça.

Muitas outras formas de lidar com o universo animal aparecem na obra rosiana. Inventariá-las seria, aqui, tarefa difícil, pois, como já afirmou Graciliano Ramos, "fervilham bichos" na obra do escritor mineiro, bichos "exibidos com peladuras, esparavões e os necessários movimentos de orelhas e rabos".[50] E ainda acrescenta: "Talvez o hábito de examinar essas criaturas haja aconselhado o meu amigo a trabalhar com lentidão bovina."[51]

Assim, por meio desse repertório múltiplo, composto a partir de uma relação intrínseca com o mundo zoo e de um profundo respeito pela "outridade" radical que os animais representam para a nossa racionalidade, Rosa não deixa de pôr em xeque as assertivas filosóficas que insistem numa suposta "pobreza de mundo" dos seres não humanos. Além disso, ele recusa veementemente a violência contra estes, num exercício de explícita compaixão, como vimos a propósito do ratinho branco e podemos atestar também no conto "O burrinho pedrês", de *Sagarana*, em que o narrador se "cola" na subjetividade do "miúdo e resignado" burro de carga, Sete-de-ouros, para contar a história sofrida de um animal marcado a ferro e sempre às voltas com chibatadas e esporas.

Machado "pós-humanista"

A história da escravidão dos burros já havia sido tratada por Machado de Assis na "Crônica dos burros", de 1892, em que ele relata uma interessante conversa entre dois desses animais sobre a possibilidade de ficarem livres da exploração humana por causa da expansão do uso da tração elétrica nos bondes do Rio de Janeiro. Destaca-se, na crônica, o que o mais cético diz ao outro: "Tu não conheces a história da nossa espécie, colega; ignoras a vida dos burros desde o começo do mundo. Tu nem refletes que, tendo o Salvador dos homens nascido entre nós, honrando nossa humildade com a sua, nem no dia de Natal escapamos da pancadaria cristã."[52]

Notável nessa crônica e em outros textos de Machado de Assis é o uso paródico que ele faz das fábulas, ao dar voz e palavras aos animais. A diferença com relação à fábula tradicional é que os animais, neste caso, não são antropomorfizados nem estão a serviço da edificação humana, mas aparecem como animais-animais que expressam o que o autor imagina que eles falariam se pudessem fazer uso da linguagem verbal.[53] Em geral, as falas têm um propósito crítico em relação à humanidade, aos usos cruéis da razão e à impotência desta diante de outros saberes que não os racionais.

Esse artifício ficcional de o narrador entrar, pelo uso da primeira pessoa, na subjetividade animal – com vistas a tentar imaginar possíveis emoções, pensamentos e inquietações próprias dos seres não humanos – é também praticado por Rosa, como atesta o conto "Conversa de bois", de *Sagarana*, embora sem a ferina ironia da crônica machadiana.[54] Ambos os escritores buscam, dessa forma, apreender um "eu" dos bichos, imaginar o que eles diriam ou pensariam sobre o mundo humano.

Se Rosa foi o maior animalista de nossa literatura, pode-se dizer que Machado de Assis foi o seu grande precursor no Brasil, por ter dedicado memoráveis contos, crônicas e passagens de romances à situação dos animais no mundo dominado pelo triunfo do racionalismo moderno,[55] num tempo em que não apenas o legado cartesiano da ruptura entre seres humanos e não humanos já tinha deixado suas profundas marcas na constituição do pensamento moderno, legitimando cientificamente as práticas de crueldade contra os chamados animais irracionais, como também Darwin já divulgava sua teoria evolucionista, evidenciando as origens animais do homem.

Consta, inclusive, que Machado foi um dos primeiros no Brasil a fazer o elogio do vegetarianismo, numa crônica sobre a greve dos açougueiros acontecida na cidade do Rio de Janeiro em 1893, e a abordar criticamente a crueldade das práticas de vivissecção comuns nos laboratórios científicos do tempo (exemplares, neste caso, o "Conto alexandrino" e "A causa secreta"). Posicionou-se, ainda, contra a exploração da força animal no trabalho e as touradas – "Não sou homem de touradas; e se é preciso dizer tudo, detesto-as", disse ele –, além de ter manifestado explicitamente sua simpatia pelas sociedades protetoras de animais, ao dizer: "Eu sou sócio (sentimentalmente falando) de todas as sociedades protetoras dos animais. O primeiro homem que se lembrou de criar uma sociedade protetora dos animais lavrou um grande tento em favor da humanidade."[56]

Outro aspecto interessante do escritor nesse campo foi sua visão irônica sobre as filosofias humanistas amparadas na noção de racionalidade, a exemplo da teoria do "humanitismo" (versão paródica do humanismo) forjada por ele nos romances *Memórias póstumas de Brás Cubas* e *Quincas Borba*, e potencializada, neste último, por meio do jogo entre as noções de humanidade, animalidade e loucura, vide o jogo identitário entre homem e cão, já que o nome Quincas Borba nomeia tanto o cão quanto seu dono.

O "humanitismo" de Machado vem desmascarar a hipocrisia dos saberes científicos e filosóficos que, sob a soberania da razão, legitimavam a prepotência da espécie humana em relação às demais e a outros humanos considerados inferiores na escala social, como os loucos. E a formulação dessa "doutrina" machadiana remete, certamente, ao cinismo – vertente filosófica surgida a partir da figura do cão (*kinos*, em grego), graças a Diógenes, que tomou os cães vira-latas como modelo para sua própria vida. Viver como um cão foi sua opção e sua maldição (perante os olhos da racionalidade humana). Daí o vínculo entre animalidade e loucura na caracterização desse filósofo e na constituição do próprio personagem humano Quincas Borba, indissociável de seu cão de mesmo nome.

Aliás, ao escrever sobre seu personagem canino, Machado não deixa também de marcar a insuficiência de nossa linguagem para falar dos animais. Isso se explicita numa passagem de *Quincas Borba* em que o narrador tenta capturar pelas palavras o que se passa no fundo do olhar do cão, mas reconhece o fracasso de sua tentativa, ao dizer:

> Mas a verdade é que este olho que se abre de quando em quando para fixar o espaço, tão expressivamente, parece traduzir alguma coisa, que brilha lá dentro, lá muito no fundo de outra coisa que não sei como diga, para exprimir uma parte canina, que não é a cauda nem as orelhas. Pobre língua humana![57]

Assim, ao apontar a arrogância e a ignorância da espécie humana, Machado de Assis traz à tona, também, suas inegáveis afinidades com os princípios que Michel de Montaigne defendeu e desenvolveu no ensaio "Apologia de Raymond Sebond", como foi mostrado no início deste livro. E essa visão irônica do escritor sobre as filosofias humanistas amparadas na noção de racionalidade aparece também, de maneira contundente, no conto "Ideias de canário", de 1863, em que ele confronta as concepções de mundo de um canário e de um cientista, evidenciando a incapacidade deste de entender e explicar a sabedoria da ave.[58]

O conto traz a história de um ornitólogo que encontra em uma loja escura, "atulhada de cousas velhas, tortas, rotas, enxovalhadas, enferrujadas",[59] uma gaiola com um canário dentro. O canário trila, e sua linguagem entra nos ouvidos do homem como se fosse humana. Ele, intrigado com a habilidade da ave em falar, pergunta a ela se não tinha saudade do espaço azul e infinito. Ao que o canário responde: "Mas, caro homem, que quer dizer espaço azul e infinito?" O homem pergunta-lhe, então, o que pensa do mundo. A resposta do canário é a seguinte: "o mundo é uma loja de belchior, com uma pequena gaiola de taquara, quadrilonga, pendente de um prego; o canário é senhor da gaiola que habita e da loja que o cerca. Fora daí tudo é ilusão e mentira".[60] O ornitólogo compra o pássaro, dá-lhe uma ampla nova gaiola e o leva para o jardim de sua própria casa, com propósitos de "alfabetar a língua" do canário, "estudar-lhe a estrutura, as relações com a música, os sentimentos estéticos do bicho, as suas ideias e reminiscências". Três semanas depois de intensa interlocução com o canário, o homem pede-lhe que repita a definição do mundo. E o canário diz: "é um jardim assaz largo com repuxo no meio, flores e arbustos, alguma grama, ar claro e um pouco de azul por cima; o canário, dono do mundo, habita uma gaiola vasta, branca e circular, donde mira o resto. Tudo o mais é ilusão e mentira". Depois que o pássaro foge, o ornitólogo finalmente o reencontra em um galho de árvore de uma chácara e pede-lhe que continue a conversa sobre o mundo composto de um jardim com repuxo. O diálogo que se segue provoca, por fim, o abalo total das convicções do cientista:

— Que jardim? Que repuxo?
— O mundo, meu querido.
— Que mundo? Tu não perdes os maus costumes de professor. O mundo, concluiu solenemente, é um espaço infinito e azul, com o sol por cima.
Indignado, retorqui-lhe que, se eu lhe desse crédito, o mundo era tudo; até já fora uma loja de belchior...
— De belchior? Trilou ele às bandeiras despregadas. Mas há mesmo lojas de belchior?[61]

Ao atribuir ao pássaro uma fala humana, Machado mais uma vez se vale dos recursos do antropomorfismo, próprios da fábula. No entanto, o que ele faz é usar, paradoxalmente, o antropomorfismo contra o humanismo. Além disso, ao reconhecer no canário um conhecimento próprio sobre as coisas, o autor não apenas zomba da presunção científica e das limitações humanas no que diz respeito ao entendimento do mundo e da natureza, como também confere-lhe o que Heidegger denominou, na contramão de Rilke, de experiência do "Aberto". Desafia, portanto, a chamada "máquina antropológica do humanismo" que, sobretudo após Descartes, instituiu a cisão radical entre homem e animal, humanidade e animalidade no mundo ocidental.

Nesse sentido, poderia ser aproximado também a Derrida quando este questiona toda uma linhagem de filósofos que usaram o animal enquanto mero teorema para legitimar a racionalidade e a linguagem humanas como propriedades diferenciais dos humanos em relação aos outros animais. E poderia, ainda, ser associado a Derrida nas passagens de *O animal que logo sou* em que se inscreve uma explícita preocupação de ordem ética, como se vê no trecho em que o filósofo franco-argelino chama a atenção para o fato de o logocentrismo ter contribuído para a legitimação do assujeitamento animal, caracterizada por ele como uma forma de violência.[62] Não à toa, ele cita, como evidências disso, as experiências genéticas, os abatedouros, o extermínio de espécies, a exploração da energia animal, a produção alimentar de carne, o inferno das granjas e fazendas industriais.[63] O conto machadiano mais afinado com essas práticas que Derrida chama de violência é, certamente, "Conto alexandrino", dotado de fortes inflexões biopolíticas e, nesse sentido, um texto que antecipa várias questões debatidas hoje nesse campo.

Machado de Assis estabelece, nesse conto, um nexo entre a violência contra os animais e a violência contra as pessoas; entre vitimização de animais e problemas sociais humanos. E chega a prefigurar os horrores cometidos pelos médicos nazistas nos campos de concentração, ao mostrar como as práticas de vivissecção de animais (no caso do conto, ratos) realizadas em nome do progresso da ciência moderna podem culminar também na dissecação e amputação de seres humanos tidos, pela lógica hierárquica das instâncias de poder, como inferiores, anômalos, insanos, incapazes e supostamente nocivos à sociedade.

Escrito no apogeu do cientificismo do século 19, o conto de Machado narra a história de dois cientistas que, em busca da fama, mudam-se para a Alexandria de Ptolomeu e passam a dissecar ratos vivos com o intuito de provar que o sangue de rato dado a beber, ainda quente, a um homem pode fazer deste um ratoneiro, um larápio. E visto que, segundo Machado, "a ciência, como a guerra, tem necessidades imperiosas",[64] os personagens cometem as maiores atrocidades contra os pobres bichos, deixando preocupados os "cães, rolas, pavões e outros animais ameaçados de igual destino".[65] Como a experiência, por incrível que pareça, acaba dando certo, os cientistas se tornam ladrões e começam a fazer sucessivos furtos, até serem presos e condenados à morte. Então, um famoso anatomista da cidade, inspirado pelas experiências de vivissecção dos ratos, resolve transformar prisioneiros em cobaias, submetendo-os aos mais cruéis métodos de intervenção científica, sob a alegação de que a "sujeição dos réus à experiência anatômica era um modo indireto de servir à moral, visto que o terror do escalpelo impediria a prática de muitos crimes". Entre as vítimas estão, por ironia do destino (ou melhor, do autor), os dois sábios cientistas que escalpelaram, vivos, dezenas de ratos. O autor, assim, problematiza no plano da ficção o que a estudiosa Armelle le Bras-Chopard chamou de discurso dominante no Ocidente, ou seja, o discurso que define o homem a partir da sua dominação sobre os animais e, ao mesmo tempo, utiliza o animal para justificar a dominação sobre outros seres humanos.[66]

Machado de Assis abre, assim, os caminhos para que se delineie, no século 20, toda uma linhagem de escritores atentos à complexidade das relações entre homens e animais, como foi visto a propósito de Guimarães Rosa. Escritores que buscaram enfoques mais matizados e conscienciosos dos animais, fora dos domínios estritos da fábula e da descrição alegórica.

Afetos e contágios: Graciliano, Clarice e João Alphonsus

Entre os escritores que se dedicaram, a partir da terceira década do século 20, a essa tarefa de "escrever o animal", estão Graciliano Ramos, Clarice Lispector e João Alphonsus, que construíram, cada um a sua maneira, formas inventivas de capturar a outridade animal. Isso sob um enfoque libertário, a partir de demonstrações de cumplicidade com os viventes não humanos e da recusa de toda prática de domínio e violência deliberada contra os viventes em geral.

Todos eles – num viés bem diferente do que marcou a obra machadiana – souberam criar animais-personagens de grande densidade e autonomia enquanto sujeitos sensíveis e complexos, tendo abordado a relação humana com os animais como também um exercício de aprendizagem.

Exemplar, sob esse prisma, é a cadela Baleia de *Vidas secas* (1938), que os críticos em geral teimam em caracterizar como um animal humanizado, por considerarem que as qualidades emocionais, comportamentais e cognitivas por ela apresentadas na novela são atributos exclusivos dos humanos e impróprias quando usadas para descrever um animal não humano. O que confirma a assertiva de Dominique Lestel de que "sentimos uma grande dificuldade em aceitar a ideia de que o comportamento animal pode ser extremamente complexo".[67]

A vira-lata Baleia, em sua complexidade animal, é ativa, solidária, sensível, hábil e generosa, exercendo um papel central na família de retirantes nordestinos afligidos pela seca e, por extensão, na própria narrativa. Sua presença, aliás, é o que garante a sobrevivência das pessoas que compõem a pequena "comunidade híbrida" do romance: o pai, a mãe, o papagaio e ela mesma, a cachorra, vista como integrante da família. Como diz o narrador: "Ela era como uma pessoa da família: brincavam juntos os três, para bem dizer não se diferenciavam..."[68]

Essa mistura torna difícil identificar os limites entre o humano e o animal nos personagens do livro, uma vez que a humanidade de um se confunde com a animalidade do outro, independentemente da espécie a que pertencem. E é nesse sentido que não se pode afirmar categoricamente uma antropomorfização de Baleia. Uma coisa é o escritor vestir o animal com roupas, dar-lhe hábitos, profissões e valores de gente, como nas fábulas e nos desenhos animados; outra é conferir-lhe capacidade de sofrer, solidarizar--se, ter emoções, demonstrar medo, lutar pela própria vida e exercitar sua inteligência, como é o caso de Baleia.

Mesmo que a personagem de Graciliano Ramos seja uma construção literária, um animal escrito, vê-se que o autor não apenas se vale do conhecimento que tem sobre os cães, como leva o seu próprio poder de compreensão para além dos limites do que sabe. Ademais, trata os mundos humano e não humano como mundos feitos de porosidade, que, quando em contato próximo, se contaminam reciprocamente, como se pode ver na relação entre homens e bichos apresentada na novela. Por não se colocar como mero observador desses mundos nem ter pretensões naturalistas ao criar sua personagem canina, Graciliano, que é um escritor capaz de extrair da linguagem poético--narrativa imagens e sensações vivas, oferece-nos bem mais do que um retrato: ele nos leva também a habitar o corpo e os sentidos de seus personagens. Ele evidencia, sobretudo no caso de Baleia, aquilo que Coetzee mostra ao dizer que os poetas são capazes de nos fazer "encarnar em animais, pelo processo chamado de invenção poética, que mistura alento e sentido de uma forma que ninguém jamais explicou, nem explicará".[69] Baleia aparece no romance como sujeito não pelo fato de ser humanizada, mas por ter habilidades e faculdades emocionais e cognitivas que não se restringem aos humanos. Ela é um ser que tem um olhar, um ponto de vista diante do mundo. E, como afirma Eduardo Viveiros de Castro, "todo ser que se atribui um ponto de vista será então um sujeito".[70]

Cabe, por extensão, também levantar aqui o problema da escrita, do ato de escrever o animal, convertê-lo em ser literário. Até que ponto, ao se valer da linguagem verbal para trazer à tona uma subjetividade estranha, que não se constitui ela mesma pela palavra, o escritor cumpre efetivamente seu intento de desvendar a outridade animal? Por outro lado, mesmo que entre os animais e os humanos predomine a ausência de uma linguagem comum – ausência esta que instaura uma distância mútua e uma radical diferença entre os dois mundos –, o ato de escrever o animal não seria, paradoxalmente, também uma forma de o escritor minar essa diferença, promovendo a aproximação desses mundos e colocando-os em relação de afinidade? Falar sobre um animal ou assumir sua *persona* seria, neste caso, um gesto de espelhamento, de identificação com ele. Em outras palavras, o exercício da animalidade que nos habita.

Esse exercício da animalidade do humano é recorrente na obra de Clarice Lispector. Isso se vê, claramente, no conto "O búfalo", que narra a história de uma mulher que entra no jardim zoológico "para adoecer". Ela vai ao local para achar, pelo contato direto com o olhar das feras, um possível "ponto de ódio" que lhe permita lidar com uma decepção amorosa, mas acaba por encontrar no olhar de um búfalo a violência do amor. Através da animalidade do búfalo, ela se humaniza, como se vê na descrição que se segue:

> E os olhos do búfalo, os olhos olharam seus olhos. E uma palidez tão funda foi trocada que a mulher se entorpeceu dormente. De pé, em sono profundo. Olhos pequenos e vermelhos a olhavam. Os olhos do búfalo. A mulher tonteou surpreendida, lentamente meneava a cabeça. O búfalo calmo. Lentamente a mulher meneava a cabeça, espantada com o ódio com que o búfalo, tranquilo de ódio, a olhava.[71]

O olhar do búfalo leva, dessa forma, a mulher ao limite abissal do humano, como se a desvelasse, colocando-a em situação de perda e vertigem. Mas poderíamos perguntar: o que o búfalo sabe sobre essa mulher, a ponto de ela "escorregar enfeitiçada ao longo das grades"? De que saber sobre os humanos os animais são capazes?

Não há uma resposta satisfatória. Do que sabem os animais sobre os humanos ninguém sabe, mas tudo se imagina. E toda tentativa de se revelar esse saber está condenada ao fracasso, o que, entretanto, não impede que os escritores continuem conjeturando sobre esse possível saber.

Outra narrativa que encena a manifestação da animalidade no humano a partir do enfrentamento/identificação da pessoa com um determinado animal é o conto "Sardanapalo" (1941), de João Alphonsus, que traz a história de um poeta que, atormentado pelos ratos, tenta provocar o lado selvagem de seu gato que fora domesticado para ser um mero animal literário. Diante da surpreendente mudança do felino, que, de repente, resolve torturar e matar um rato com requintes de crueldade, o homem se contagia do prazer com que o animal suplicia sua presa e descobre, perplexo, sua própria animalidade através da revelação da animalidade do animal. Embora haja no conto um traço de malignidade associado à ideia de animalidade (o lado animal é visto como violento e selvagem), percebe-se um interessante jogo de identidades nos personagens, visto que não fica claro se a crueldade demonstrada pelo gato seria dele mesmo (uma suposta manifestação de sua animalidade recalcada) ou se adquirida, por contágio, do próprio dono, o que torna instáveis e misturadas as fronteiras entre um e outro.

Vale acrescentar que João Alphonsus é um dos mais interessantes escritores mineiros da primeira metade do século 20, tendo escrito contos antológicos sobre animais, entre eles, "A galinha cega", "Mansinho" e "A pesca da baleia". Em todos, os bichos são personagens dotados de complexidade e desafiam a compreensão humana, como o gato de "Sardanapalo". Isso levou Mário de Andrade a afirmar que o escritor amava os bichos, mas não com "esse amor que faz atribuir aos bichos psicologias humanas por demais".[72] João Alphonsus conseguia, segundo o escritor paulista, ver nos animais uma parte maior deles mesmos sem, para isso, ter de humanizá-los. E isso o torna, sem dúvida, um dos representantes por excelência da zooliteratura brasileira do século 20.

Como os demais escritores mencionados – Guimarães Rosa, Graciliano Ramos e Clarice Lispector –, João Alphonsus não se propõe a escrever sobre os animais para deles extrair metáforas ou alegorias da vida humana. Seu interesse se dirige especificamente a esses outros, compreendidos como seres dignos de atenção e respeito.

Zoocoleções

Num viés bastante distinto do anterior, cabe ainda mencionar, no âmbito da zooliteratura brasileira do final século 20, a obra do paranaense Wilson Bueno, que reatualizou o modelo tradicional dos bestiários a partir da mescla de referências culturais de diferentes procedências.[73] Herdeiro de Borges e Guimarães Rosa, experimentou formas, gêneros, línguas e linguagens ao parodiar os verbetes dos antigos bestiários, criar coleções inusitadas de seres fantásticos e inventar uma língua mestiça.

Em especial no livro *Jardim zoológico*, de 1999, o escritor compôs uma combinatória de elementos mitológicos, lendas indígenas, referências culturais brasileiras e hispano--americanas, reescrevendo o viés fantástico de Borges sob uma perspectiva, digamos, mais "mestiça" e também afetiva. Híbridos, fronteiriços e transnacionais, os bichos de

Bueno são marcados pelos cruzamentos culturais advindos do contato entre países do continente sul-americano. Além disso, são dotados de uma espécie de saber poético sobre a vida humana e sobre o próprio território que habitam, amalgamando características animais, humanas e divinas.

Pode-se dizer que o narrador que os descreve está irremediavelmente contagiado por esse saber, assumindo tal contágio como uma espécie de devir para sua própria humanidade/animalidade. Por meio desses híbridos, também rastreia os territórios da América Latina, os confins da Europa e da Ásia, as fronteiras e as zonas subterrâneas, de forma a reconfigurar, nos planos geográfico, cultural e textual, o espaço enciclopédico que constitui os continentes do mundo.

Dos insones "remorantes", por exemplo, "também chamados de duendes da noite" e "dotados de uma inimaginável memória",[74] até os "tiguasús", descritos como monstros repugnantes "com um nariz todo úmido e em carne viva",[75] os "yararás", que "só são encontrados na banda oriental do Paraguai",[76] ou os "ypsilones", caracterizados como "monstrículos magros e bem ingênuos" que, ao verem uma poça d'água, "já se atiram nela, álacres, falando alto e fino",[77] os animais de Bueno dialogam tanto com os monstros do imaginário zoológico dos cronistas europeus do século 16 e dos livros antigos de História Natural quanto com os seres fantásticos de Borges e as lendas indígenas brasileiras.[78]

O autor constrói, dessa forma, uma fauna inclassificável, que se desvia dos critérios taxonômicos e se inscreve na ordem da *atopia*. Não deixa de ser irônico, portanto, que ela tenha sido reunida metaforicamente em um lugar institucionalizado: o jardim zoológico. Como lembra Susana Scramim em um ensaio sobre Bueno, o jardim zoológico convencional tem justamente como princípio organizador a classificação em espécies, subespécies e famílias, enquanto o procedimento de ordenação dos seres imaginários do escritor é o da montagem, procedimento em que se articulam "paradoxos concretos feitos de montagem visual com paradoxos teóricos de montagens temporais por meio dos quais se pode perceber uma concepção de tempo, cuja característica maior é a pertencer a todos os tempos".[79] Nesse sentido, o que predomina é a justaposição de fragmentos de distintos bichos literários, na qual incidem camadas também justapostas de referências geográficas e culturais.

Tal princípio de montagem, que desafia os compêndios científicos de zoologia e a organização espacial dos zoológicos modernos, não deixa de remontar – com a devida licença aos poderes da imaginação – à própria figura do ornitorrinco, matriz por excelência do animal híbrido, feito da montagem de diferentes partes de outros animais, e que desorientou os naturalistas britânicos no final do século 18, precisamente num momento em que a taxonomia gozava de um enorme prestígio e se amparava rigorosamente nas leis da racionalidade triunfante.

Visto como um *puzzling* animal, o ornitorrinco, como se sabe, provocou o assombro dos cientistas, por ser um híbrido de mais ou menos 50 cm, desprovido de pescoço, com patas dotadas de membranas, cauda semelhante à de um castor, bico de pato, membros posteriores dotados de esporões venenosos, além de ter um corpo achatado e coberto por um pelo marrom-escuro. As fêmeas, embora ovíparas, amamentam seus filhotes por meio de mamilos internos. Como descreveu um naturalista do tempo, Thomas Bewick, o ornitorrinco é um animal *sui generis*, já que parece ter três naturezas: a do peixe, a do pássaro e a do quadrúpede.[80] Dissecado por anatomistas, chegou a ser inserido na classe dos anfíbios, embora houvesse quem nele visse uma "surpreendente união das distinções características de todas as classes".[81] União esta que, séculos depois, continuaria estimulando o pensamento e a fantasia de estudiosos dos sistemas de classificação, como Umberto Eco, que, em 1997, elegeu o animal como o "herói" de seu livro *Kant e o ornitorrinco*, chegando mesmo a argumentar que, ao contrário do que se pensava, o ornitorrinco não é feito de um amálgama de todos os animais, mas todos os outros animais são feitos a partir de uma parte do ornitorrinco. E pergunta: "Como poderíamos colocar junto o bico e as patas espalmadas com o pelo e cauda de castor, ou a ideia de castor com aquela de um animal ovíparo, como poderíamos ver um pássaro lá onde aparecia um quadrúpede, e um quadrúpede onde aparecia um pássaro?"[82]

Uma classificação, nesse caso, só é possível por aproximação analógica, ou seja, acaba por se inserir no registro poético, literário. E é nesse sentido que podemos afirmar que onde falha a classificação advém a imaginação, como o *Jardim zoológico* de Wilson Bueno comprova, ao abrigar animais feitos da montagem de fragmentos de outros – existentes e fictícios, atuais e ancestrais, locais e transnacionais – e que resistem às categorias conhecidas.

Outro ponto a ser ressaltado é que Bueno, ao criar os seus monstrinhos, assume, no exercício de sua subjetividade, uma espécie de *razão animal*. Dessa razão extrai um conjunto de conhecimentos poéticos sobre o mundo. Não por acaso, os pequenos "giromas" do *Jardim zoológico* têm dezenas de olhos, que servem também para escutar, aspirar o ar, excretar a chuva que bebem, fertilizar-se; e os "jaquapitãs", animais caninos de cor vermelha, possuem olhos de ouro raiados de sangue e "é como se coubesse neles uma impossível paisagem".[83] Ou seja, inscrevem-se também na ordem dos afetos e da poesia.

Se Wilson Bueno destaca-se como o principal autor brasileiro a criar "zoocoleções" no âmbito da nossa literatura, isso não significa que outros autores do século 20 não tenham praticado esse tipo de narrativa em verbetes. Basta lembrarmos das séries "Zoo" e "Aquário" de Guimarães Rosa, mencionadas no início deste capítulo, ambas construídas a partir da mistura de poesia e prosa.

Nessa linha, o poeta mineiro Murilo Mendes também deu sua contribuição com o texto "Setor Microzoo", incluído no livro *Poliedro*, de 1972. Trata-se de uma minicoleção de quinze animais, configurando uma espécie de bestiário memorialístico. O galo, a tartaruga, o tigre, o cavalo, a baleia, a girafa, o boi, o pavão, o porquinho-da-índia, o peixe, a aranha, o percevejo, a preguiça, a zebra e a lagosta compõem o repertório zoo do livro. Quase todos fazem parte da história pessoal do próprio poeta, que os converte em imagens de uma infância perdida, enquanto outros figuram em verbetes lúdicos, à feição dos que Guimarães Rosa criou no livro *Ave, palavra*.

Por um lado, Mendes compõe um inventário de *seus* bichos, aqueles que habitam sua enciclopédia particular, os seus arquivos de vida, como se vê no "verbete" sobre o cavalo:

> Quando eu era menino queria absolutamente ir do Brasil à China a cavalo. Só não realizei esta maravilhosa aventura porque meus pais mo proibiram.
>
> O cavalo me atraía pela nobreza da sua forma. Considerava seu pescoço: mais belo que o do cisne; a majestade, a elegância das suas linhas verticais e horizontais.
>
> Havia o cavalo consular e imperial; mas ainda o parente pobre, o ruço, o anônimo, todos eles me seduziam.
>
> Nunca vira um cavalo deitado. Pelo que passei a imaginar que os cavalos corriam noite e dia sem parar; sempre em pé.[84]

Por outro lado, ele monta uma coleção de relatos mais poético-descritivos, como estes fragmentos referentes à baleia:

A BALEIA é um cetáceo da dinastia dos Balenídeos de forma quadradoredonda, cor de burro quando foge. Quem descobriu os abismos da baleia, animal bárbaro, barbado?
A baleia: autossuficiente, melvilliana, inexpugnável.[85]

Com esse perfil matizado, em que os animais ora aparecem como referências eruditas e literárias, ora como figuras que iluminam uma autobiografia minimalista, o "Setor microzoo" assume um caráter singular na literatura brasileira moderna. Mantém, assim, uma interlocução com as séries zoológicas de Rosa, no que tange aos flagrantes poéticos dos animais, ao mesmo tempo que delas se distanciam, à medida que esses tornam pretextos para o exercício de uma memória pessoal.

De qualquer maneira, é uma coleção de textos que abre espaço para um tipo peculiar de zoopoética, além de contribuir para uma vertente, a das "zoocoleções" literárias, ainda pouco exploradas no Brasil.

Assim, tendo em vista o conjunto de todos esses autores brasileiros – de Machado de Assis a Wilson Bueno –, vê-se que a eles não interessa, propriamente, achar uma ideia no animal, escrever *sobre* ele e representá-lo literariamente, mas entrar na esfera da intimidade desse outro e tentar extrair, pelos recursos da invenção poética e ficcional, aquilo que o constitui e desafia nosso poder de entendimento.

É nesse sentido que esses escritores abrem um campo fértil para os escritores do início do século 21, que agora têm a tarefa de repensar a questão dos animais sob o peso de uma realidade marcada por grandes catástrofes ambientais, extinção de inúmeras espécies, experiências biotecnológicas, crescimento acelerado das granjas e fazendas industriais, e à luz das reflexões contemporâneas sobre a questão dos animais em diversos campos do conhecimento.

Animais poéticos, poesia animal

*Quando as aves falam com as pedras e as rãs com
as águas – é de poesia que estão falando*

(Manoel de Barros)

Poéticas da animalidade

O salto à outra margem

No poema "Um boi vê os homens", de *Claro enigma*, Drummond confere voz a um "eu-bovino" que – no exercício de um pensamento fora de lugar, porque inscrito em uma linguagem que não é necessariamente a do animal – rumina seu próprio saber sobre a espécie humana. Numa dicção sem ênfase, mas firme nas conjeturas, esse "eu" lamenta que os humanos, em seu "vazio interior que os torna tão pobres e carecidos de emitir sons absurdos e agônicos", "sons que se despedaçam e tombam no campo como pedras aflitas", não sejam capazes de ouvir "nem o canto do ar nem os segredos do feno".[1] Em outras palavras, o boi – movido por uma percepção que supostamente ultrapassa as divisas da razão legitimada pela sociedade dos homens – não apenas põe em xeque a capacidade destes de entender outros mundos que não o amparado por essa mesma razão, mas também revela uma visão própria das coisas que existem e compõem o que chamamos de vida.

Vê-se que a *persona* bovina de Drummond busca encarnar ou encenar uma subjetividade possível (ainda que inventada), de um ser que, nos confins de si mesmo, é sempre outro em relação ao que julgamos capturar pela força da imaginação. Isso se considerarmos que todo animal – tomado em sua singularidade – sempre escapa às tentativas humanas de apreendê-lo, visto que entre ele e os humanos predomina a ausência de uma linguagem comum, ausência esta que instaura uma distância mútua e uma radical diferença de um em relação ao outro.[2] No entanto, tal distância/diferença não anula necessariamente aquilo que os aproxima e os coloca em relação também de afinidade. Falar sobre um animal ou assumir sua *persona* não deixa de ser também um gesto de espelhamento, de identificação com ele. Em outras palavras, o exercício da animalidade que nos habita.

Pode-se dizer que esse esforço de entrar no espaço mais intrínseco da animalidade nunca deixou de desafiar os poetas de todos os tempos. Se, na maioria nos casos, essa entrada tenha se dado por meio da descrição (por vezes erudita) dos traços constitutivos dos bichos de várias espécies, realidades e irrealidades (como nos bestiários tradicionais), ou da tentativa de convertê-los em metáforas do humano, outras formas de "captura" poética da animalidade – não mais circunscritas aos limites da descrição e da metáfora – podem ser identificadas na poesia de vários contextos e tradições. Sob esse prisma, muitos poetas, como o próprio Drummond, têm assumido tanto a tarefa de encenar uma possível subjetividade animal nos seus poemas quanto o exercício de uma cumplicidade ou de um pacto com os animais não humanos. E nesse sentido, cada poeta, com seus recursos de linguagem próprios, suas crenças e sua imaginação, constrói vias criativas de acesso ao outro lado da fronteira que nos separa do animal e da animalidade.

Vale lembrar que a poesia já foi, muitas vezes, considerada o espaço por excelência para a manifestação da animalidade. Jacques Derrida, por exemplo, chamou a atenção, em *O animal que logo sou*, para essa potencialidade da poesia de "passar as fronteiras ou os confins do humano" para chegar ao animal: "Ao animal em si, ao animal em mim e ao animal em falta de si mesmo."[3] Isso porque, segundo o filósofo, "o pensamento do animal, se pensamento houver, cabe à poesia".[4] Tal suposição (ou tese) traz à luz os equívocos de uma certa filosofia que, sob a égide exclusiva do *lógos* e a partir da relação opositiva entre o humano e o inumano, se empenhou em converter o animal (tomado como conceito genérico) em teorema, em categoria abstrata. Ao reduzir o animal a uma coisa, "uma coisa vista mas que não vê" (Derrida), e negar-lhe a experiência do "aberto" (como fez Heidegger), essa filosofia – mais especificamente a que se assenta na supremacia da razão – revelaria as próprias limitações do entendimento racional. Em outras palavras, o que esses filósofos julgam saber sobre a alteridade animal é, paradoxalmente, o que os afasta dessa mesma alteridade. E, nesse sentido, estariam na contramão da poesia, visto que os poetas – assombrados e atraídos, ao mesmo tempo, pela estranheza animal – são aqueles que podem dar o salto à outra margem e entrar na esfera da alteridade animal, dela extraindo um saber possível.

Randy Malamud, no livro *Poetic Animals and Animal Souls* [Animais poéticos e almas animais], também reforça essa singularidade da poesia como espaço por excelência para a manifestação da animalidade. Segundo ele, talvez isso ocorra pelo fato de a poesia ser a mais longínqua das formas de manifestação da linguagem humana, sendo dotada de uma habilidade única para a expressão da alteridade animal, bem como para o encontro com a animalidade, "com uma força que poucos outros empreendimentos culturais humanos podem ter".[5]

Talvez por isso é que o escritor sul-africano J. M. Coetzee, sob a pele da personagem Elizabeth Costello, tenha afirmado, em *A vida dos animais*, que os poetas nos ensinam mais do que sabem, graças "ao processo chamado de invenção poética, que mistura sensação e alento de uma forma que ninguém jamais explicou, nem explicará".[6] E é dessa maneira que a poesia é capaz de trazer à vida, por vias transversas, o corpo vivo do animal dentro de nós mesmos, propiciando um trespassamento de fronteiras que abre o humano a formas híbridas de existência e ao reconhecimento de sua própria animalidade.

Esse exercício poderia, inclusive, ser tomado sob a perspectiva do conceito de "outridade", de Octavio Paz, ou seja, uma passagem (ou um salto) para o outro lado da fronteira, que é, ao mesmo tempo, um encontro com "algo do qual fomos arrancados" e que está dentro de nós. O movimento em direção ao outro é, nesse sentido, um ir para dentro do que nos define enquanto um eu.

Se o animal é o estranho que nós, humanos, tentamos agarrar e que quase sempre nos escapa, ele também é o nosso duplo, o que está aqui, com sua presença inquietante e por vezes assustadora. E a poesia, por ser esse espaço de revelação da outridade, é também o lugar, por excelência, para que a animalidade se manifeste enquanto imagem e inscrição, ainda que provisórias.

A pantera e o jaguar

Para tratar da relação entre os poetas e os animais – tema da segunda palestra proferida pela personagem e que é uma das partes do romance – Coetzee/Costello toma como referência o poema de Ted Hughes sobre um jaguar enjaulado e em estado de raivoso desassossego diante dos visitantes de um jardim zoológico. O jaguar, que não está no poema para representar todos os jaguares do mundo, mas mantém sua perturbadora singularidade enquanto fera, é flagrado pelo olhar de um poeta perplexo, cujo "poder de compreensão é levado além do seu limite".[7] Daí que, em vez de um poema *sobre* o jaguar, em que predomina uma ideia do animal, Hughes nos ofereça um poema que nos pede para habitar aquele corpo que se move febrilmente entre as barras da jaula, alheio à realidade da clausura.

A cena do jaguar é preparada, aos poucos, no poema. Nas duas primeiras estrofes, o que predomina é a paisagem banal de um zoológico, com animais subtraídos de sua animalidade – uns indolentes, outros com comportamento previsível – e convertidos em objetos vivos de uma exposição. Próximos e distantes ao mesmo tempo do olhar que os vê, eles compõem uma paisagem artificial, boa para ser pintada na parede de um berçário.[8] Uma cena, aliás, que condiz com o que John Berger, no ensaio "Por que olhar os animais?", fala sobre o zoológico, ao caracterizá-lo como um espaço predominantemente de voyeurismo, mas que tende sempre a decepcionar quem o visita, já que o visitante não pode encontrar o olhar animal que, quando muito, "bruxuleia brevemente e segue adiante".[9]

Na terceira estrofe do poema, porém, surge algo novo e inquietante, que abala tal monotonia, deixando a plateia "mesmerizada": a presença raivosa de "um jaguar furioso a girar" dentro da jaula. Seu olhar arde. Seus movimentos são impetuosos. Sua singularidade se impõe, feroz, diante dos olhos perplexos de quem o vê. Mas o que o poeta nele flagra é um estado de alheamento em relação ao entorno. O animal parece alhures, olhando cegamente para além da plateia. Isso porque, como elucida Coetzee, via Costello, "sua consciência é mais cinética que abstrata: a força dos músculos o leva a um espaço de natureza muito diferente da caixa tridimensional de Newton".[10]

A sensação que temos ao chegar ao final do poema é precisamente o que os três últimos versos dizem:

> É seu passo o sertão que a liberdade tem defronte:
> O mundo rola embaixo do ímpeto de suas patas.
> No chão de sua jaula se derramam os horizontes.[11]

Nessa recusa das grades, o jaguar faz do próprio corpo a sua liberdade. Não à toa, as passadas do animal ultrapassam os próprios limites do poema e saltam para um outro, escrito dez anos depois e intitulado "Second Glance at a Jaguar",[12] no qual Hughes se concentra na descrição das partes do corpo do animal, explorando, por dentro, os detalhes de sua constituição física: as costelas, os músculos, as juntas dos joelhos, o dentro e o fora de suas mandíbulas, os dentes do fundo, os movimentos que conferem a esse corpo uma pulsação, uma realidade viva.

De fato, são muitos os poemas de Hughes que, pela força da cinestesia (entendida como sentido da percepção de movimento, peso, resistência e posição dos corpos), exploram a subjetividade animal a partir de um pacto com ela. O poeta a encarna por um processo que não é propriamente o da imitação e da metáfora, mas que está na ordem da aliança, da comunicação transversal entre indivíduos inteiramente diferentes. Ou do "salto" para a outra margem, como sugere Octavio Paz.[13] Sob a pele do jaguar, o poeta o traduz para nós como se fosse por ele possuído. Mais ou menos o que Clarice Lispector descreveu ao falar do quão terrível é segurar um passarinho na concha da mão meio fechada: "é como se tivesse os instantes trêmulos na mão".[14] Como escrever esse tremor, fazê-lo vibrar na pele das palavras, senão deixando-se possuir pelo passarinho que estremece, transformando--se momentaneamente nele?

Daí que, nos poemas animais de Hughes, podemos ouvir os guinchos agudos e sentir as contorções de um rato capturado em uma ratoeira, como se o bicho tomasse posse de nosso corpo; somos também assaltados pelo torpor e pelos passos cambaleantes de um potro que acaba de nascer e, com os olhos ainda turvos diante do escuro, se pergunta: "Isso é o mundo?"; podemos ainda sentir nos músculos o peso insuportável de um porco "too dead", "morto demais" para nos inspirar pena; ou nos arrepiar com a viscosidade fria e lenta de um caramujo que escala uma flor.

No caso específico do poema "O jaguar", não há como não mencionar a afinidade dissonante do felino enjaulado de Hughes com a famosa pantera de Rainer Maria Rilke,[15] ambos animais selvagens confinados em zoológicos, como peças de uma exposição. A diferença é que, enquanto a fera de Rilke faz da jaula sua condição e seu limite, o jaguar ignora as barras da clausura, permanece em estado de deslocamento. Pode-se dizer que, onde o movimento da fera rilkiana esmorece, o da fera hughiana começa. Para uma, "há apenas grades para olhar"; para a outra, "não há jaula", mas "vastidões de liberdade". Nesse sentido, temos dois tipos de olhar, afins mas distintos ao mesmo tempo. Ambos tomam a jaula como um espaço artificial, de ambiente ilusório, mas se um capta na relação do animal com esse espaço o torpor, o outro vê no confronto fera/espaço o exercício de uma tensão hiperativa. A pantera de Rilke, movida por uma "tensa paz dos músculos", abstrai-se aos olhos do poeta, sai do próprio corpo para se transformar num vulto. Já a fera de Hughes é sanguínea, corporal, singular.

Costello, a personagem de Coetzee, chega a afirmar – atenta às diferenças entre os dois animais – que "Hughes escreve contra Rilke", uma vez que o poeta inglês não busca encontrar uma ideia no animal, mas finge que é ele, tenta entrar no seu corpo – que é a única realidade desse felino. Para Costello, a pantera de Rilke estaria ali para representar todas as panteras do mundo, e não ela mesma. Seria, portanto, uma ideia, uma abstração, ao contrário do jaguar, único e insubstituível em sua presença. O que é, certamente, uma das interpretações possíveis dos poemas, mas não a única. A pantera não poderia ser vista, por outro lado, como a condição inevitável de um animal aprisionado, desvitalizado e, portanto, resignado a essa realidade? Uma pantera triste, num poema triste, como forma de o poeta expressar sua compaixão pelas feras enjauladas do mundo?

Por outro lado, o próprio jaguar – por mais que o poeta tenha entrado no âmbito de sua animalidade – não deixa de ser também uma construção. Ou seja, o fato de o poema ser escrito "com" o jaguar não o exime de ser também um poema *sobre* o jaguar, fruto de um olhar humano sobre o animal, por mais que o autor tenha almejado se colocar sob a pele da fera com o intuito de traduzi-la pela linguagem verbal. Mesmo ao tentar fazer viver no poema o jaguar na sua mais intrínseca particularidade, Hughes acaba por transformá-lo, inevitavelmente, em um animal escrito. E, sob essa perspectiva, reencontra Rilke.

Olhos nos olhos

Se a realidade dos zoológicos nem sempre possibilita a troca de olhares entre seres humanos e não humanos, como sugerem os dois poemas comentados, pode-se afirmar que o tema do olhar animal tem instigado vários poetas contemporâneos de várias nacionalidades.

O português Herberto Helder, por exemplo, num dos poemas do livro *Última ciência*, trata da perturbadora experiência de se olhar uma serpente nos olhos: "sentes como a inocência / é insondável e o terror é um arrepio / lírico". E, ao final, diz: "Sabes tudo."[16]

O saber que advém desse olhar não é, todavia, redutível a conceitos e tampouco leva o poeta ao conhecimento da intimidade da serpente. É, sim, um saber que se manifesta pelos sentidos, numa zona de indeterminação chamada poesia, durando apenas um instante, mensurável pela intensidade do arrepio. E o "tudo" desse saber também se inscreve numa outra ordem que, longe de apontar para a ideia de totalidade, concentra-se no que de fato conta ou importa em tal experiência: a constatação da outridade radical (e insondável) da serpente e, paradoxalmente, o reconhecimento da animalidade que com ela se pode compartilhar através da poesia. Afinal, como já foi dito, a poesia tem a potencialidade de se tornar tanto um espaço de aproximação possível com a outridade animal quanto um *tópos* de travessia para o que chamamos de animalidade, essa instância nebulosa que resiste à apreensão pela linguagem verbal.

Isso é o que evidencia também a amazonense Astrid Cabral em um de seus poemas, "Encontro no jardim", do livro *Jaula*, de 2006, que evoca uma cena similar à de Helder, sobre o ato de encarar os olhos de uma serpente. No caso da poeta brasileira, o encontro com o réptil se dá entre canteiros. Em vez de terror, o que ela registra é um sobressalto, mesclado ao asco e à sensação de estranheza:

(...)
Olhei-a frente a frente:
sua cabeça
erguida em talo
eu entalada
o colo em sobressalto.
Sensação de asco
me percorrendo
inteira
tamanha a estranheza
de cores e contornos
postos em confronto.[17]

Logo, irrompe desse encontro súbito da mulher com a serpente a revelação de um segredo que as une e que "dá cabo do medo": o veneno e a inaptidão para o voo. "Ambas inquilinas do mesmo solo. Ambas coincidentes no tempo", diz a autora. E, nesse reconhecimento da afinidade, a mulher toca a serpente fraternalmente, sem nojo, e se confunde com ela, numa espécie de devir-animal.

A hesitação entre retroceder e avançar evidencia a contradição humana diante da estranheza animal na qual se reconhece. Como pontua Octavio Paz, ao discorrer sobre essa estranha familiaridade, "tocar nesse corpo é perder-se no desconhecido; mas, também, é chegar a terra firme. Nada mais alheio e nada mais nosso".[18]

Essa passagem da mulher que toca a serpente vencendo o asco e o medo poderia inclusive nos remeter obliquamente à cena da barata (sem dúvida, bem mais ousada e radical) do romance mais poético de Clarice Lispector, *A paixão segundo G. H.*, em que a mulher enfrenta a outridade, digamos, monstruosa de uma barata, levando esse enfrentamento a um processo de interação visceral com o inseto. O primeiro contato entre as duas ocorre também através do olhar: a mulher vê a barata, fecha os olhos de pavor, abre-os e se perturba pelo olhar do inseto: "Viva e olhando para mim. Desviei rapidamente os olhos, em repulsa violenta."[19] A atração, contudo, leva a mulher a suportar a repugnância e, finalmente, observar diretamente a barata, identificando-lhe os traços e a compacidade do corpo. O que se sucede é a seguinte constatação: "O que eu via era a vida me olhando." E, nesse cruzamento de olhos, a mulher experimenta a travessia dos limites de sua própria humanidade, rumo à vida em estado de nudez:

> Era isso – era isso então. É que eu olhara a barata viva e nela descobria a identidade de minha vida mais profunda. Em derrocada difícil, abriam-se dentro de mim passagens duras e estreitas.[20]

A experiência da personagem, radicalizada no gesto final de comer a barata, inscreve-se, assim, na ordem da abjeção e do fascínio ao mesmo tempo, embora não esteja associada propriamente a uma transformação literal da mulher na barata. Em *A paixão segundo G. H.*, tudo se passa no interior da narradora/personagem. Ela entra em crise com sua própria humanidade – essa "humanidade ensopada de humanização, como se fosse preciso; e essa falsa humanização impede o homem e impede a sua humanidade"[21] –, reconhece que desejar o inumano dentro da pessoa não é perigoso e encontra no ato de comer a barata a revelação da vida. Nesse processo, o horror se transforma em claridade, e a metamorfose, como diz a própria narradora/personagem do romance, é dela nela mesma.

Tanto no caso de Clarice quanto no de Astrid – não obstante a referência simbólica desta autora ao mito bíblico da serpente –, o encontro/interação com o animal aponta para um movimento que não é necessariamente o da imitação, da alegoria ou o da transformação física do humano em animal não humano, mas um trespassamento íntimo das fronteiras, um salto radical à outra margem. Disso pode-se depreender a potencialidade inerente ao espaço poético de se tornar não apenas um ponto de encontro possível com a outridade animal, como também um *topós* de travessia para o que chamamos de animalidade.

Georges Bataille, assim como Derrida e Coetzee, chamou a atenção para o fato de que, se a poesia nos leva ao não sabido, ela pode nos levar também ao mundo incógnito da animalidade, embora considere que esta só possa se manifestar na escrita enquanto mentira poética.[22] Mas uma mentira, ou falácia, que não deixa de ser uma espécie de conhecimento, um saber alternativo (e plausível) sobre o que escapa à representação, à apropriação figurativa. O que é comunicado no encontro com o animal e a animalidade através do fingimento poético (aqui, menos no sentido de Bataille do que no de Pessoa) seria, assim, um conhecimento que se aloja na ordem dos sentidos (ou das sensações) e que desafia a nossa capacidade de circunscrevê-lo em categorias do pensamento. Como diz a portuguesa Luiza Neto Jorge, ao evocar seus animais míticos ou místicos: "não aceito classes zoológicas". Isso porque o que lhe interessa enquanto poeta é, antes, sondar o animal que, ao alçar "a pata espessa sobre o mundo", atormenta.

Aliás, os animais que atormentam são exatamente os que movem a poesia de outros autores contemporâneos de língua portuguesa avessos à abordagem exclusivamente antropocêntrica dos viventes não humanos. Basta mencionarmos os cães atropelados ou as legiões famintas de cupins que atravessam a escrita poética de Nuno Ramos; as vacas da poesia de António Osório, que levantam os olhos e nos comunicam, através do calor do corpo e dos excrementos, sua cifrada mensagem; o boi aterrorizado que, no corredor estreito de um matadouro, se debate com todos os músculos numa "ânsia louca" de fuga, como mostra um poema de Eucanaã Ferraz. São, todos eles, animais muito próximos e muito distantes de nós, que nos atormentam com suas patas espessas, sua crua existência, sua "vida nua". São animais que parecem nos perguntar com os olhos: vocês suportam o poema disso, de todo esse calor, esse fedor, esse terror, esse sangue, esse sacrifício?

Por outro lado, podemos retomar Bataille e dizer que, se a poesia conduz ao mundo espinhoso da animalidade, "essa coisa que, ao mesmo tempo, se expõe e se retrai",[23] então a escrita de tal coisa só pode se manifestar enquanto ficção, fingimento poético. Do que se conclui que pensar, imaginar e escrever o animal só pode ser compreendido como uma experiência que se aloja nos limites da linguagem, lá onde a aproximação entre os mundos humano e não humano se torna viável, apesar de eles não compartilharem um registro comum de signos. Há que se "pensar com delicadeza / imaginar com ferocidade", diria de novo Herberto Helder.[24]

Quando a poeta Astrid Cabral tenta falar de um pássaro e escreve "conheço-lhe o passarês / sem jamais decifrar-lhe a voz",[25] ela admite que nossos atos de falar e pensar não dão conta desse dizer desprovido de palavras, dessa linguagem que não é humana. Mas, mesmo assim, insiste em escrevê-lo. Já Nuno Ramos reduz essa escrita a um "Ó" sonoro e redondo, uma microfonia que cresce

(...) nos bichos, nas colmeias, no pelo dos ursos, na lã das mariposas e das taturanas, no chiado do leão sem dentes que segue de longe a própria matilha sem ouvir o ó crescente das hienas que comem, comem neste momento o seu próprio cadáver, um ó aos ratos, à astúcia entocada, ao espinho na pata.[26]

Percebe-se que, nesse fragmento, o poeta não apenas suge-re a impossibilidade de a linguagem humana articulada alcançar, de forma satisfatória, o espaço inquietante do que chamamos animalidade, mas também se volta para os animais coletivos, substituindo a singularidade pela plu-ralidade das colmeias, da matilha e dos bandos, reunindo no "Ó" o clamor múltiplo da natureza.

Essa ideia de coletividade animal também está pre-sente na poesia em prosa de Wilson Bueno, no *Manual de zoofilia*, embora, à diferença do referido texto de Nuno Ramos, o animal singular se manifeste. Tomando, por vias transversais, a assertiva de Deleuze e Guattari de que "todo animal é antes um bando, uma matilha",[27] Bueno mostra o estado de abandono de um lobo excluído de seu grupo:

> Há o desamparo recurvo do lobo se o líder da alcateia o expulsa, além-matilha. É um animal quebrado sem o seu bando. Não se fie contudo em seus caninos. Moram neles, nos lobos, os acidentes da fome e os do pânico.[28]

O autor, aí, parece colocar-se na "hora do mundo" desse lobo desgarrado e compor com ele uma imagem. Mas, mesmo sem a força cinética do jaguar de Hughes, que – como vimos – se manifesta através de ondas de excitação e de velocidades, o animal de Bueno concentra, em seu "desamparo curvo", uma energia em pânico, pronta para se revigorar a qualquer momento nos caninos da fera. Dessa forma, Bueno não deixa de explorar poeticamente, como faz Hughes de maneira ostensiva, a inquietante complexidade da existência animal e dos saberes que a acompanham. Em resumo, se o animal do poeta inglês é cinético, o do brasileiro é sinestésico.

O animal como sujeito

Outra questão que se coloca nesse contexto é a da subjetividade animal, que muitos poetas se esforçam em apreender pela palavra articulada, como se evidencia no referido poema "Um boi vê os homens", de Drummond. Esforço que requer, sobretudo, poder de imaginação, já que se trata de assumir o "eu" dos animais não humanos, entrar na pele deles, imaginar o que eles diriam se tivessem o domínio da linguagem humana.

Quando o poeta carioca Eucanaã Ferraz recria interrogativamente, na terceira e última parte do poema "Fado do boi" (de *Cinemateca*, 2008), o "Um boi vê os homens", ele toca – sem necessariamente assumir o "eu" do boi, como faz Drummond – nesse ponto da subjetividade. Na versão de Ferraz, constituída de onze dísticos, o sujeito poético indaga a propósito do que o boi poderia nos perguntar:

(...)

Que nos pergunta o boi
desde o silêncio e sobre este

seu estrume, flor extrema?
Que nos pergunta em sua

ronda infinita desde
o dorso de um vaso

sua pergunta redonda desde
o afresco em ruínas desabando

sobre nossa ausência de espanto,
sobre nossa fome bestial

e nossos dentes diante do sinal
da interrogação? (...)

Uma possível resposta vem em seguida:

(...) Interroga
sobre nós talvez, como se dele fôramos
o seu mistério, seu tempo, seu espaço,

cerne hostil de sua compreensão
do mundo e de si mesmo.[29]

Os versos que encerram o poema são incisivos e irônicos: "O boi não nos decifra. / Nós devoramos o boi." Dessa forma, as margens do humano e do não humano se confundem e provocam novas (e silenciosas) indagações: onde termina uma margem e começa a outra? Na "fome bestial" do homem? No sinal de interrogação do boi?

Vale acrescentar que as duas partes anteriores do poema já preparam o leitor para tais perguntas. Aliás, cada parte constitui também um poema avulso, em diálogo com as demais. Na primeira, há uma voz que fala em nome da humanidade, faz uma espécie de mea-culpa, reconhecendo as atrocidades perpetradas pelos humanos contra os bois e pedindo-lhes perdão por isso. Para tanto, o poeta enumera as diferentes formas de exploração que definem a relação entre nós e esses animais – "chifres arrancados", "couro marcado a ferro quente (sem anestesia, é claro)", "o regime de engorda, a ração contaminada, a doença e o abate" –, construindo cenas de grande impacto visual, capazes de desestabilizar ética e esteticamente o leitor. Isso se radicaliza na parte/poema seguinte, que trata dos últimos instantes de um boi no matadouro. Soma-se ainda a esse conjunto um poema do início do livro, intitulado "Do boi", que expõe, sob um viés lírico e lúdico, uma cena de sossego bovino, evidenciando o outro lado (o que nos conforta) da existência desse animal. E não deixa de ser intrigante a súbita identificação do eu poético com o boi nos últimos versos: "Pensativo, bufão, eu. / Boi, tambor de Deus."[30]

Essa interação do sujeito poético com outras criaturas animais se dá a ver ainda na parte IV do longo poema "Poemacto", de Herberto Helder,[31] que trata de vacas dormindo nos "campos abandonados pelo silêncio", diante de um "eu" que tenta converter a cena em paisagem de palavras. Munido e consciente dos poderes da linguagem verbal, esse sujeito expõe sua capacidade de "meter um nome na intimidade de uma coisa / e recomeçar o talento de existir".[32] Percebe-se, nesse dizer, o desejo de se reinventar a partir da nomeação do mundo, da natureza, como se a palavra pudesse efetivamente eliminar a distância que o separa da enigmática intimidade da vaca e o conduzir à experiência da outridade. Se "tudo dorme nas vacas", esse "eu" busca mergulhar "no que é o obscuro / de uma vaca dormindo", mesmo sabendo que esse gesto de invadir com a palavra o território reservado ao outro, de desentranhar o sono do animal que dorme, não deixa de ser uma forma de violência, decorrente de uma "inteligência cruel". Do que o poeta conclui: "Criar é delicado. / Criar é uma grande brutalidade."[33]

Tais tentativas poéticas de encarnar uma suposta subjetividade animal suscitam algumas questões. Até que ponto se pode falar propriamente de uma subjetividade animal? O que vem a ser subjetividade? É uma instância reservada apenas àqueles que se enquadram nas categorias de eu, ego, personalidade, razão, consciência, desejo, vontade e intencionalidade?

Derrida, numa entrevista concedida a Jean-Luc Nancy, justificou por que raramente usava os termos "sujeito" e "subjetividade", preferindo falar de "um efeito de subjetividade": "Porque o discurso sobre o sujeito continua vinculando a subjetividade ao humano", ele afirma.[34] Sob esse prisma, a questão do "quem" emerge para o filósofo como extremamente problemática, tanto em termos linguísticos quanto ético-políticos, por ser uma categoria restrita "à gramática do que chamamos gramática ocidental e limitada pelo acreditamos ser a própria humanidade da linguagem".[35] Além de estar determinada por uma concepção genérica de "humano" e excluir todos os viventes não humanos. Daí ele concluir que o conceito de sujeito construído historicamente se configura como uma rede de exclusões, uma vez que não apenas os animais são impedidos do acesso ao "quem", como também vários grupos de seres humanos considerados não sujeitos, renegados à condição de outros de nossa cultura e potencialmente não merecedores de consideração legal e moral. Esse "quem" é, inclusive, quem decide a vida ou a morte dos não sujeitos, quem os submete ao sacrifício.

Tal discussão se apresenta especialmente profícua na segunda parte da palestra "O animal que logo sou", dedicada a Lacan. Intitulado "Et si l'Animal repondait?",[36] o texto se concentra na análise da oposição entre "reação" e "resposta", usada pelo psicanalista francês para marcar o limite entre o "humano" e o "animal", ambos no singular genérico. Segundo Lacan, o animal, entre outras privações, não responde, não é dotado de inconsciente, nem apaga seus próprios traços. A reação (ou resposta) de Derrida a tal proposição de Lacan é intensa e extensa. Longe de querer persuadir seus leitores quanto a possíveis habilidades linguísticas dos animais, o filósofo está mais interessado em mostrar que a falta de linguagem humana entre os seres não humanos não é de fato uma falta, uma privação. Tampouco o fato de, supostamente, eles não terem a capacidade de apagar os próprios rastros pode ser considerado um critério convincente para sua exclusão da esfera da subjetividade. Ninguém, seja homem ou não, tem o poder de, radicalmente, apagar seus próprios rastros ou traços, argumenta Derrida. Um rastro não é algo que se possa apagar ou cobrir.

Dominique Lestel também abordou a questão do sujeito animal em alguns de seus livros. Reconhecendo, assim como Derrida, que o Ocidente excluiu o animal do espaço da subjetividade, ele afirma que, ao contrário do que se convencionou pensar, "todo animal é um sujeito (na medida em que cada animal é um intérprete de sentidos)". Ele admite, inclusive, o uso dos designativos "indivíduo" e "pessoa" para determinados animais, segundo ele, "singulares". E completa: "Certos animais podem tornar-se pessoas em suas interações com o humano."[37]

Considerando todas essas discussões, cabe acrescentar a isso o fato de que ninguém pode garantir que um boi, uma serpente, uma águia ou um gato não tenham uma visão de mundo, um olhar único, que a cada um deles pertence. Ninguém pode saber ao certo se eles estão, realmente, impedidos de pensar; ou se pensam, ainda que de uma forma muito diferente da nossa. Ninguém pode assegurar que eles não têm uma voz que se inscreve num tipo ignorado de linguagem, numa espécie de "*lógos*" particular.

Assim, não obstante a subjetividade animal engendrada pela linguagem poética esteja, como foi dito, na ordem da invenção, o animal que esta faz advir através de sons, imagens, movimento e silêncio pode ser dado a ver, para além da condição neutra do pronome *it*, como um ele, um ela, um eu. Levando-nos também ao reconhecimento da animalidade que nos habita.

O que sabem os animais?

Admitir o animal como sujeito é também reconhecer que ele é dotado de saberes sobre o mundo, haja vista a inquietante complexidade da existência dos viventes não humanos.

Montaigne já chamava a atenção para essa complexidade ao mostrar que os bichos, dotados de variadas faculdades, "fazem coisas que ultrapassam de muito aquilo de que somos capazes, coisas que não conseguimos imitar e que nossa imaginação não nos permite sequer conceber".[38] É interessante que tais considerações só muito recentemente encontraram amparo científico graças, sobretudo, às descobertas da etologia contemporânea.

Dominique Lestel, em *As origens animais da cultura*, aponta a extraordinária diversidade de comportamentos e competências dos bichos, que vão da habilidade estética até formas elaboradas de comunicação. No que se refere à habilidade das aves na construção de ninhos, por exemplo, o estudioso lembra que para fazê-los "as aves tecem, colam, sobrepõem, entrecruzam, empilham, escavam, enlaçam, enrolam, assentam, cosem e atapetam", valendo-se não apenas de folhas e ramos, como também de "musgo, erva, terra, excrementos, saliva, pelos, filamentos de teias de aranha, fibras de algodão, pedaços de lã, ramos espinhosos e sementes",[39] cuidadosamente separados e combinados.

Não apenas os ninhos e outros construtos são analisados pelo estudioso. As sociedades animais também são matéria de reflexão. Para tanto, ele se detém sobretudo nas comunidades dos chimpanzés, sem deixar de dar também especial atenção às sociedades de insetos, como as abelhas. Trocas, ajudas mútuas, distribuição de tarefas, tudo é matéria de reflexão, capaz de evidenciar a complexidade dos mundos animais sob uma perspectiva etológica. E, sob esse prisma, seria interessante mencionar aqui um poema em prosa de Manoel de Barros, "Agroval", do *Livro de pré-coisas* (1985), em que isso se materializa belamente em palavras. Como poeta integrado à paisagem do Pantanal do Mato Grosso, Barros captura pelos sentidos as minúcias da vida não humana do seu entorno, atento ao mundo orgânico em sua mais ínfima existência e em seus mais secretos cenários. Cito um fragmento:

> (...) Penso na troca de favores que se estabelece; no mutualismo; no amparo que as espécies se dão. Nas descargas de ajudas; no equilíbrio que ali se completa entre os rascunhos de vida dos seres minúsculos. Entre os corpos truncados. As teias ainda sem aranha. Os olhos ainda sem luz. As penas sem movimento. Os remendos de vermes. Os bulbos de cobras. Arquétipos de carunchos.
>
> Penso nos embriões dos atos. Uma boca disforme de rapa-canoa que começa a querer se grudar nas coisas. Rudimentos rombudos de um olho de árvore. Os indícios de ínfimas sociedades. Os liames primordiais entre paredes e lesmas. Também os germes das primeiras ideias de uma convivência entre lagartos e pedras. O embrião de um mussum sem estames, que renega ter asas.[40]

Os liames primordiais entre os seres e as coisas do mundo natural compõem o poema inteiro e confirmam sinestesicamente a complexidade das sociedades não humanas, ratificando – por vias poéticas – o que Lestel evidencia intelectualmente no seu livro ao tratar dos mundos animais.

Já no que tange à comunicação animal, vale mencionar mais algumas considerações feitas pelo filósofo no capítulo 4 ("Dirão os animais alguma coisa a alguém?"), em que ele trata do que chamou paradoxos e complexidades das comunicações animais. Entre outras coisas, explica que uma ave canora dos pântanos europeus "revela-se capaz de imitar setenta e oito outras espécies de aves",[41] que a vocalização de certos animais apresenta distinções individuais ou regionais e que os gritos de um sagui podem obedecer a uma semântica bastante precisa. Menciona ainda o rico repertório de silvos dos golfinhos, que inclui alguns capazes de caracterizar o indivíduo que os produz, como se fosse uma espécie de "assinatura capaz de declinar a identidade do golfinho do grupo".[42] Ou as peculiaridades do canto das baleias, visto que elas empregam ritmos musicais e sequências emocionais, utilizando "frases cujo comprimento se aproxima das frases humanas".[43]

Apesar disso, é curioso que até hoje grande parte da filosofia ocidental se recuse a reconhecer as linguagens animais. Giorgio Agamben, por exemplo, na descrição que faz, no ensaio "O fim do pensamento", de uma paisagem cheia de "inauditas vozes animais" (silvos, trilos, chilros, assobios, cochichos, cicios etc.), diz que, enquanto cada animal tem seu som, nascido imediatamente de si, nós (os humanos) – os únicos "sem voz no coro infinito das vozes animais" – "provamos do falar, do pensar".[44] Colocando em contraponto voz e fala, *phoné* e *lógos*, por considerar que "o pensamento é a pendência da voz na linguagem", ele lança uma frase quase verso: "Em seu trilo, é claro: o grilo não pensa."[45] Ou seja, por vias oblíquas, o filósofo italiano não deixa de reforçar com tal imagem a ideia de que o animal é desprovido de linguagem.[46]

Porém, diante do avanço dos estudos contemporâneos sobre a vida animal, quem garante que os animais estão impedidos de pensar, ainda que de uma forma muito diferente da nossa, e de ter uma voz que se inscreve na linguagem que lhe é própria? Estará, como indaga Lestel, a nossa racionalidade suficientemente desenvolvida para explicar uma "racionalidade" que lhe é estranha, caso esta realmente exista?

Emblemática, neste contexto, é a célebre frase de Wittgenstein: "Se o leão pudesse falar, nós não o entenderíamos."[47] Variação do dizer de Ovídio, segundo o qual, "se o animal falasse, nada diria". Isso porque, como o filósofo sugere, a lógica que nortearia essa fala seria radicalmente outra e, certamente, nos despertaria para o conhecimento imediato de nossa própria ignorância. Do que se pode depreender que a linguagem não é suficiente para responder a questão da diferença entre humano e não humano. Ao contrário, como afirma Wolfe, "ela mantém a questão viva e aberta".[48]

Vale, neste contexto, evocar um divertido poema de Jacques Roubaud, intitulado "E o porco disse", no qual o poeta francês parece brincar com a frase de Wittgenstein, ao dar voz a um porco falante. Reproduzo o poema, na tradução de Marcos Siscar e Paula Glenadel:

> Quando falo, disse o porco,
> eu gosto é de dizer porqarias:
> graxa goela gripe grunhido
> paspalho paxá luxação
> resmungo munheca migalho camelo
> chuchu brejo chiqueiro
> eu gosto é de dizer pocilgarias:
> jujuba piche comadre
> estrume toucinho pelanca
> pururuca chouriço guisado
> lodo chucrute bucho quiabo.
> Não gosto muito de abóbora
> e muito menos de arco-íris.
> Essas boas palavras eu viro com o focinho
> para fazer um verdadeiro poema de pörqo.[49]

No poema, que é organizado com palavras sem aparente conexão umas com as outras, mas plenas de sonoridade e humor, Roubaud esvazia a fala de seu porco da sintaxe que se espera de um dizer inteligível. No jogo da linguagem, o porco encena uma lógica que, embora estando a serviço de vocábulos identificáveis (na verdade, "palavras porcas", contaminadas pela carga semântica que o senso comum atribuiu à existência suína), não se confina inteiramente nos limites do entendimento imediato e previsível. Vê-se que o saber que o porco detém sobre si mesmo se manifesta através de um "eu" desajeitado dentro de uma língua que não lhe pertence. O desafio que essa brincadeira representa para o leitor se repete em outros momentos do livro e se radicaliza nas últimas páginas, por meio do poema "O asno", cuja autoria é atribuída ao próprio animal ("o asno em pessoa, *i.e.*, em *asno*"). É um soneto feito totalmente de zurros, em que o asno fala no registro onomatopeico que imaginamos ser o dele:

i
on
on
i

i
on
on
i

oon
oon
ii

ooon
ii
oooooonnn[50]

Roubaud ri e nos faz rir, assim, do nosso próprio não saber sobre a linguagem dos bichos. Ao admitir que eles são capazes de falar a partir de um registro particular, que desafia nossa razão, o poeta não descarta, inclusive, que dessa linguagem possa advir um poema. Tanto que no poema dedicado à minhoca ele grafa a palavra poeta com trema ("pöeta"), de forma a distinguir o poeta-animal ("digno de ser uma minhoca") do poeta-humano (caracterizado como "comum, banal"). Como Roubaud explica: "Um Pöeta-Minhoca deve ter os anéis bem fortes para penetrar na terra. É isto que indica o trema e é isso que ele marca."[51]

Num viés diferente, a poeta americana Marianne Moore também desafia o entendimento humano no que tange ao uso da linguagem para escrever sobre os animais. Adepta do difícil e do hermético, sua poesia apresenta-se para o leitor de forma enigmática, causando-lhe quase sempre uma sensação de estranhamento. Como diz Randy Malamud, "as dificuldades sintáticas, prosódicas e conceituais da poesia de Moore formalmente evocam a dificuldade das pessoas em entender os animais", graças ao manejo "de uma perspectiva cognitiva que não é centrada no humano".[52] Isso fica bem claro em um poema como "Os peixes", que com sua estrutura fragmentária, imagens complexas e linguagem enigmática, causa-nos um fascínio difícil de ser explicado, por não estar na ordem do imediatamente inteligível:

vade-

ando negro jade.

> Das conchas azul-corvo, um marisco
> só ajeita os montes de cisco;
>> no que vai se abrindo e fechando

é que

nem ferido leque.

> Os crustáceos que incrustam o flanco
> da onda ali não encontram canto,
> porque as setas submersas do

sol,

vidro em fibras sol-

> vidas, passam por dentro das gretas
> com farolete ligeireza –
>> iluminando de vez em

vez

o oceano turquês

de corpos (...).[53]

É um poema que condiz, certamente, com a ideia defendida pela poeta de que a poesia requer que ultrapassemos o óbvio, o sensível e o biológico, rumo ao reino das coisas improváveis. Daí que Moore tenha afirmado, num ensaio sobre a poesia de Wallace Stevens, que "a poesia é um vernáculo ininteligível e inconfundível como a linguagem dos animais".[54]

Cada poeta, portanto, inventa maneiras de encontro com a outridade animal. Seja por meio do pacto ou da aliança, seja pela via dos devires e metamorfoses, seja pela tentativa de incorporação de uma subjetividade alheia e de uma linguagem estranha, a escrita poética sobre animais se faz sempre como um desafio à imaginação. Há que se "pensar com delicadeza, / imaginar com ferocidade", diria Herberto Helder. Ao que poderia ser acrescentado: há que se escrever em estado de arrepio. Pensar, imaginar e escrever o animal não deixa, assim, de ser uma experiência que se aloja nos limites da linguagem, lá onde a aproximação entre os mundos humano e não humano se torna viável, apesar de eles não compartilharem um registro comum de signos. E, mesmo que tal experiência de traduzir esse "outro mais outro que qualquer outro" esteja destinada ao fracasso, a poesia deixa sempre um traço sobre ele.

Anexo

Entrevista com
Dominique Lestel*

Dominique Lestel vem desenvolvendo, desde meados dos anos 1990, estudos de reconhecida originalidade e relevância sobre a questão animal. Professor de Ciências Cognitivas da École Normale Supérieure, em Paris, é membro da equipe Archives Husserl e coordenador da equipe de Ecoetologia do Museu de História Natural de Paris. Publicou vários livros, como *Les Origines animales de la culture* [As origens animais da cultura – 2001], *L'Animal singulier* [O animal singular, 2004], *L'Animalité: essai sur le statut de l'homme* [A animalidade: ensaio sobre o status do homem, 2007], *L'Animal est l'avenir de l'homme* [O animal é um devir do homem, 2010] e *Apologie du Carnivore* [Apologia do carnívoro, 2011], entre outros.

Nesta entrevista, a mim concedida em meados de 2012 e publicada originalmente na revista *Contemporary French & Francophone Studies*, da Universidade de Connecticut (EUA), ele discorre sobre os méritos e as insuficiências da etologia, trata das chamadas "comunidades híbridas", aponta os equívocos do pensamento ocidental sobre a questão da

---

* Tradução do francês: Manoel Castello Branco.

animalidade e o estatuto do humano, atesta a condição de sujeitos dos animais não humanos e faz uma controversa apologia do carnívoro, sem deixar de discutir as questões éticas que envolvem não apenas a prática do vegetarianismo, como também o ato de comer carne.

MARIA ESTHER MACIEL: O senhor vem abordando, há muitos anos, a questão do animal sob uma perspectiva transdisciplinar, investigando diferentes aspectos das relações entre humanos e outros animais, numa nítida oposição às dicotomias entre natureza e cultura, humanidade e animalidade. Como surgiu o seu interesse por essa questão e quais foram seus principais pontos de discussão no início de sua trajetória em torno desse campo?

DOMINIQUE LESTEL: No começo dos anos 1980, quando eu era estudante, listei os problemas filosóficos que considerava importantes naquela época. A questão da animalidade e das relações homem/animal pareceu-me a mais promissora. Ela me atraía tanto mais que, devo confessá-lo, ainda não interessava a quase ninguém e o que nós devíamos ler era igualmente reduzido. Minha decisão partia da constatação de que os (raros) filósofos que se interessavam pelo animal ignoravam totalmente as ciências que o estudam (etologia e psicologia comparada). Lancei-me, então, numa tese de doutorado sobre a questão do raciocínio na etologia, o que poderia me dar uma boa formação prática na disciplina. Minha decisão partiu também da percepção de que, hoje, a questão do animal e a do artefato inteligente se cruzam cada vez mais. Foi por isso que realizei minha tese num laboratório de inteligência artificial e num laboratório de etologia. Na época, essa era uma abordagem bastante original.

M.E.M.: Em As origens animais da cultura, o senhor alia etologia, filosofia e antropologia para questionar os chamados "próprios do homem" e ressaltar a complexidade e a riqueza das culturas animais. Em que medida a etologia (a partir das pesquisas sobre o comportamento, as habilidades e as formas de comunicação dos viventes não humanos) tem de fato contribuído para a mudança das relações entre homens e animais no mundo contemporâneo?

D.L.: A etologia revolucionou nossa representação do animal, ao mostrar que a inteligência dos animais tinha uma complexidade que, até então, não suspeitávamos e que as supostas especificidades do humano eram mais frágeis que imaginávamos. A etologia mostrou que animais utilizavam ferramentas, podiam mentir, possuíam elaboradas estratégias sociais e políticas, desenvolviam sistemas de comunicação complexos, tinham comportamentos culturais etc. Esses resultados são muito impressionantes se comparados com a pobreza do que antes era atribuído ao animal. O behaviorismo teve um efeito devastador, ainda difícil de ser avaliado corretamente. Hoje, o mais importante é saber até onde pode ir a complexidade das inteligências animais e, acima de tudo, questão bem menos colocada, se a etologia e a psicologia comparada são, de fato, capazes de ir mais longe. Já mostrei diversas vezes o meu pessimismo em relação a esse último ponto. Essas ciências são terrivelmente ideológicas. A etologia, principalmente, permanece enraizada num paradigma realista-cartesiano, que repete, de um modo pseudo-científico, a ruptura homem/animal. Ela é cartesiana, no sentido de que considera o animal uma máquina, que pode ser descrito satisfatoriamente a partir de um manual de instruções. O fato de as máquinas relevantes de hoje serem as máquinas computacionais, e não as máquinas hidráulicas ou mecânicas, não muda muita coisa, nesse caso. E a etologia é realista, na medida em que está convencida de que uma boa descrição do animal deve ser feita independentemente de seu observador. Dizer que o animal é somente uma máquina é um total absurdo. Os animais são, ao contrário, "sujeitos" que interpretam sentidos. Um animal, seja qual for, interpreta o mundo em que vive, interpreta o que os outros fazem e o que são, além de interpretar a si mesmo. Que o animal seja um sujeito com essa capacidade foi a grande descoberta de Jakob von Uexküll. Que este esteja quase esquecido no âmbito da etologia contemporânea é bastante significativo do positivismo que define essa ciência. A questão da significação foi praticamente eliminada em prol da questão da informação, que tem essa notável particularidade de nunca ter sido definida com rigor. Não é preciso dizer que é justamente a que não se utiliza nunca! Um certo número de questões fundamentais não pode, por conseguinte, ser abordado pela etologia, haja vista a maneira como esta está estruturada. A etologia é incapaz, por exemplo, de trabalhar a questão de saber se os animais têm comportamentos artísticos, uma vez que é concebida exatamente para não poder dar uma resposta positiva a essa questão. Então, propus um paradigma alternativo, o paradigma biconstrutivista, que parte da proposição de que o animal inventa o mundo que habita e que o papel do etólogo é inventar formas para dar conta dessa invenção. Nessa perspectiva, pude mostrar que existiam fenômenos fundamentais que a etologia contemporânea negligenciava completamente, por exemplo, o dos animais singulares, ou seja, animais que não se comportam como deveriam se comportar, tendo em vista a espécie a que pertencem. Pude, assim, estudar, em 2005 (com Chris Herzfeld), uma fêmea orangotango que podia atar nós, ainda que se suponha que orangotangos não são capazes de atá-los. Eu também pude mostrar, em primeira mão – em um artigo publicado em 1997, com Emmanuelle Grundmann –, que era necessário se debruçar sobre os *conhecimentos* dos animais, e não somente sobre sua *cognição*. Em tal perspectiva, a etologia muda completamente a relação que devemos ter com os animais, já que, assim, eles se tornam autênticos atores nessas sociedades que chamamos abusivamente de humanas – porque elas são *sempre* igualmente sociedades animais –, algo que, no final das contas, poucos sociólogos ou etnólogos perceberam.

M.E.M.: A noção de "comunidades híbridas", desenvolvida no livro *L'Animalité: essai sur le statut de l'humain*, implica a ideia de convivência entre diferentes espécies, baseada na troca de experiências, interesses e afetos. O senhor acredita que a existência de tais comunidades no nosso tempo (e no futuro) ainda é viável, mesmo com os avanços da urbanização e de diferentes tecnologias? Os zoológicos, as reservas ambientais, as fazendas industriais e a proliferação de seres artificiais não estariam afastando, cada vez mais, as pessoas do convívio com os outros animais?

D.L.: O fenômeno das comunidades híbridas homem/animal, em que se dá o compartilhamento de sentidos, interesses e afetos, não tem nenhuma razão para desaparecer enquanto existirem os humanos. Minha intuição fundamental, expressa desde 1996, é, com efeito, de que o fenômeno humano é indissociável de tais comunidades. Foram os animais que ensinaram o homem a ser homem. Essa intuição é muito perturbadora no Ocidente, onde se repete, desde os gregos, que os homens tornaram-se homens *contra* os animais, saindo de sua própria animalidade. Mas os ocidentais são os únicos que acreditam em tal história. O que se modifica constantemente é a natureza daquilo que encontra um lugar no interior das comunidades híbridas, pois estas nunca são abstratas, mas dependem sempre de ecossistemas específicos. Nas populações indígenas da Amazônia, por exemplo, as plantas e os espíritos ocupam um lugar central nas comunidades híbridas. O homem faz plenamente parte do mundo que habita. Platão inventa esse fantasma de um mundo ideal do qual o mundo real seria apenas uma cópia degradada, e a filosofia europeia se engaja nesse caminho mortífero que o pensamento chinês, por exemplo, sempre recusou. É mais interessante querer assumir plenamente a imanência do mundo em suas contradições, suas aporias e suas múltiplas dificuldades do que procurar fugir ao que se lança um pouco rápido demais nas categorias do imperfeito, do incompleto etc. O mundo é habitado por sujeitos que têm múltiplos estatutos. Como se pode viver numa tal heterogeneidade ontológica? Privilegiando o existencial em vez do ontológico. A única resposta satisfatória encontrada nos quatro cantos do mundo foi constituir comunidades híbridas nas quais o homem pode viver com agentes heterodoxos – animais, vegetais, espíritos. Para mim, *ser* humano é viver em uma comunidade híbrida. O Ocidente, que fez a escolha infeliz do ontológico em vez do existencial, encontra-se numa situação inédita. A desvalorização do mundo o conduz, antes de tudo, a sua destruição; quem se surpreenderá com isso? Mas o ocidental não escapa às comunidades híbridas; ele as recria com artefatos racionais, como os Tamagotchis, os Aibots ou os avatares digitais. Os japoneses, por sua vez, incluem artefatos em suas comunidades híbridas ancestrais – é uma conduta muito diferente. A questão do zoológico é interessante nessa perspectiva. Eu penso que nós ainda não entendemos nada do zoológico. Sociólogos sentenciosos explicam que vamos ao zoológico para ver os animais e nos compararmos a eles; e por que não para *sermos vistos* por eles? Por que os grandes predadores ou os animais perigosos fazem tanto sucesso, se não porque nós, presas potenciais, podemos nos mostrar a eles sem perigo? Nesse sentido, o zoológico encena um exibicionismo da presa. A meu ver, o zoológico inventa, pela primeira vez, uma relação com o animal que não passa pelo viés da comunidade híbrida. O público não deve estabelecer ligações com eles. A alimentação do animal pelo público, estritamente proibida, mas constantemente transgredida, deve ser compreendida nessa perspectiva: trata-se de restabelecer uma ligação com o animal em uma situação em que a existência dele é negada e recusada.

M.E.M.: Na contramão do humanismo antropocêntrico da filosofia ocidental, o senhor confere ao animal o estatuto de sujeito. Visto que a subjetividade sempre foi considerada uma instância reservada apenas àqueles que se enquadram nas categorias de eu, ego, razão, consciência, desejo, vontade e intencionalidade, como o senhor lida com o conceito de uma subjetividade animal?

D.L.: Nada permite excluir o animal do espaço do sujeito no qual o Ocidente insere o humano de forma privilegiada, ou mesmo exclusiva. Considerar o animal uma máquina é um total absurdo, que é incompatível com os dados empíricos de que dispomos e que se baseiam sempre em raciocínios falsos. Sugeri, no *Animal Singulier* (2004), que todo animal é um *sujeito* (na medida em que cada animal é um intérprete de sentidos), que alguns são indivíduos (sujeitos singulares) e que certos animais podem tornar--se pessoas em suas interações com o humano. É um erro considerar que um agente é um sujeito, se possui as competências necessárias para sê-lo. Para mim, não existe objetivamente algo como "a pessoa".

Toda pessoa é, antes de tudo, um personagem que desempenha um papel num processo relacional amplamente narrativo. Minha abordagem não é perguntar se tal ou tal agente é verdadeiramente ou não uma pessoa, mas em que medida posso considerá-lo como tal, o que é uma pergunta muito diferente. E um indivíduo é uma pessoa a partir do momento em que uma pessoa, pelo menos, pode se comportar frente a ele *como se ele o fosse*, isto é, a partir do momento em que ele pode ocupar seu lugar numa estrutura narrativa que o considera como pessoa. Em outros termos, nossas relações com um dado animal nunca são puramente causais; elas são, além disso, largamente semióticas. Elas só adquirem sentido nas histórias por meio das quais criamos nossas identidades e as dos agentes em questão. É uma abordagem um pouco delicada, por partir da relação em vez de partir da ontologia dos atores, e da ideia de que não há um metarrelato universal que permitiria validar ou refutar a multiplicidade dos pequenos relatos por meio dos quais damos um sentido aos outros – quer sejam humanos, não humanos, artificias etc. A questão certa não é, portanto, saber se os animais são pessoas, mas se nós estamos prontos para viver em uma sociedade em que certos animais, pelo menos, possam ser considerados pessoas. Será que estamos verdadeiramente dispostos a trabalhar para que possamos *legitimamente* considerá-los como tais? Penso que é especialmente aí que a literatura tem um grande papel a desempenhar. Toda a tradição cultural europeia considerou que, ao rebaixar o animal, elevava-se o humano. Hoje percebemos que, ao reconhecer a complexidade do animal, aumentaremos substancialmente a densidade do humano.

> M.E.M.: A construção de uma definição de humano, ao longo dos séculos, deu-se sobretudo a partir da negação da animalidade do homem. Em que medida essa noção tem se transformado, nas últimas décadas, à luz das questões do animal e da animalidade? O animal pode ser mesmo considerado *"l'avenir de l'homme"*?

D.L.: Acho interessante que se evoque sempre a "animalidade do humano", como se essa expressão fosse óbvia, e que nunca se fale da "animalidade do animal", como se tal omissão não colocasse problemas! Vão me retrucar, evidentemente, dizendo que o humano é, certo, um animal, mas que *ele* não é só isso. É precisamente disso que discordo. Primeiro, que o homem não é apenas um animal; segundo, que o animal é, por sua vez, somente um animal. Por que o animal seria apenas um animal? Afinal, poder-se-ia imaginar que o animal é sempre mais que um animal, que o animal, em outras palavras, nunca é genericamente somente um animal, que há sempre um *excedente* na animalidade no próprio fato de ser animal, e que, longe de ser uma exceção à regra, o homem a seguiria de uma forma que lhe é peculiar. Apenas o Ocidente definiu o humano *contra* o animal, numa postura que só pode ser adequadamente caracterizada como de um verdadeiro ódio para com o animal. Essa deriva começou com os gregos. Desde o mito de Prometeu, o ser humano assumiu uma postura de vítima diante do animal e teria então de obter uma revanche. Essa patologia cultural deve ser reconhecida como tal e, consequentemente, tratada.

Os europeus desenvolveram uma ciência e uma tecnologia autista, esquizofrênica e, por fim, paranoica. O Ocidente se distinguiu também pela negação massiva da existência dos espíritos, dos fantasmas e de outros agentes não materiais. O ódio ao animal e o bloqueio aos espíritos são concomitantes e devem ser pensados juntos. A mente ocidental vê, por conseguinte, o humano como uma exceção solitária. Depois de tornar alguém surdo, é um pouco ridículo se queixar de que ele não ouve nada! O existencialismo sartriano chega a caracterizar logicamente a situação do homem como absurda. De fato, o ocidental que perdeu todo o significado de seu lugar no universo assim o quis. É, portanto, urgente mudar nossa visão do mundo, e nos perguntarmos para que acumular ainda mais conhecimento. Pensar que apenas o conhecimento seja capaz de mudar a situação é tão pueril quanto considerar que explicar a um louco que ele é louco possa curá-lo. Para retomar o vocabulário das ciências cognitivas contemporâneas (que também se deixaram iludir por um positivismo neuronal estéril), o problema não é melhorar a base de dados, mas mudar a consciência. Nós precisamos de uma verdadeira revolução mental no Ocidente.

As artes e a literatura têm um verdadeiro papel a desempenhar nesse processo. O darwinismo é interessante desse ponto de vista, pois a interpretação mais comum que os biólogos nos oferecem é ver nossa proximidade do animal como um fenômeno que remete ao passado. O humanismo europeu, com toda sua verdadeira perversão intelectual, é capaz de assimilar tudo o que possa potencialmente pô-lo em perigo. É por isso que escrevi o livro *L'Animal est l'avenir de l'homme*: para lembrar que os humanos e os outros animais são todos simplesmente consubstanciais, e que os primeiros não existem sem os segundos. Os teóricos do pós-humanismo são paradoxalmente os únicos a ter compreendido isso, ainda que inconscientemente. Ao tirarem do homem toda a animalidade e contraporem a aposta na máquina contra a aposta no animal, eles "finalizam" o humanismo europeu – ao mesmo tempo matando-o e cumprindo seu programa final, ou seja, matando-o ao cumprir seu programa final. Não há mais nenhum animal na utopia pós-humana porque não há mais humanos! E não há mais humanos porque não há mais animais. Kojève é, sem dúvida, o primeiro a ter tido tal intuição em sua leitura de Hegel. É tão absurdo alegar que o homem é mais importante que o animal, como afirmar que o coração é mais importante que o cérebro. A vida partilhada de homens e animais deve ser pensada analogicamente, mais como *órgãos* que constituem um mesmo corpo do que como indivíduos que compartilham um espaço social comum, no qual seja necessário discutir seus respectivos lugares. A questão importante não é saber como viver com o animal, mas como eu me constituo através do animal e, inversamente, como certos animais se constituem através de mim. A conexão homem/animal, portanto, antecede a individualização mais ou menos aparente de uns e de outros. Nessa perspectiva fisiológico-cultural, os gêmeos siameses constituiriam um melhor modelo para pensar a vida homem/animal que o de um parlamento de seres vivos.

M.E.M.: No seu último (e controverso) livro intitulado *Apologie du Carnivore*, o senhor defende o ato de comer carne como uma das formas de exercício humano da animalidade. Como conciliar essa posição com a defesa do animal como sujeito sensível, inteligente e capaz de interpretar o mundo? Amar os animais não implica também poupá-los do sofrimento?

D.L.: Esse livro se situa plenamente na perspectiva que acaba de ser evocada. A questão vegetariana está na moda, mesmo que de forma minoritária. Há várias maneiras de ter um comportamento inapropriado com o animal, e o de considerá-lo uma boneca Barbie ou uma vítima que precisa de todos os cuidados não é menos devastadora. Os argumentos levantados pelos vegetarianos éticos são insustentáveis. O sentimentalismo nunca permitiu ter uma posição justa no mundo, a única a ser buscada. O comportamento justo é considerar o animal... um animal, com tudo o que isso quer dizer! É preciso, certo, recusar toda violência gratuita ou excessiva e, de maneira geral, minimizar os aspectos negativos da vida, mas querer eliminá--los totalmente seria desastroso. A crer nos vegetarianos, tal postura seria sem custos e só comportaria vantagens. Tal milagre ético é evidentemente ilusório. Nietzsche foi mais perspicaz quando mostrou que a moral é uma outra forma de fazer guerra. Os vegetarianos éticos buscam a pureza moral e substituem frequentemente o raciocínio rigoroso pela indignação moral. A história tem mostrado que este é um coquetel explosivo. Querer ser puro é uma patologia mental que deve ser radicalmente desencorajada. E querer regular seu comportamento, e sobretudo o dos outros, em cima de uma moral do bem e do mal deveria ser considerado uma perversão particularmente perigosa. Tendo em vista o que ela realmente traz e os perigos que representa, a moral deveria desaparecer. A ética, que busca somente ser justa, é diferente. Para a ética, matar não é um mal em si; é sim fazê-lo de forma inapropriada. Todos os animais devem comer e devem matar para viver. Mesmo as vacas matam o capim que pastam. Por que o valor de um vegetal seria necessariamente menos importante que o de um mamífero? Por causa do sistema nervoso deste último? Mas se inventarmos, por manipulação genética, uma vaca desprovida de sistema nervoso, poderemos comê-la sem arrependimento? O direito à vida não existe; é um conceito nauseabundo que é utilizado de forma privilegiada pelos fundamentalistas cristãos que militam contra o aborto.

Ao contrário do que se costuma dizer, os vegetarianos éticos não gostam dos animais e detestam o que permanece de animal no homem. Seu ideal é o vegetal, que se alimenta exclusivamente de luz e sais minerais. Outra objeção à postura vegetariana ética é sua clara inutilidade. O que é uma postura ética que não tem nenhuma eficácia desde que existe? Na ética, temos uma obrigação de resultados. É necessário, aliás, contextualizar as posturas éticas. No Ocidente do século 21, recusar todo consumo de carne apresenta sem dúvida um perigo real para o animal. Numa cultura que mantém cada vez menos relação com o animal, comer carne permanece uma das únicas formas que o ocidental tem de experimentar e de vivenciar sua própria animalidade – perceber que seu corpo é animal, feito de corpos animais. Tal consumo deve ser razoável, talvez até mesmo se tornar ritual; perde-se potencialmente mais ao se recusar a comer o animal do que aceitando comê-lo de forma regulada. Tal consumo deve ser feito, em todos os casos, de um animal que tenha sido respeitado e que tenha tido uma bela vida. Uma exigência ética é comer o animal com as honras que lhe são devidas. É importante, então, cozinhá-lo da melhor forma. O problema não é comer o animal, mas comê-lo de qualquer maneira. Chame isso de ética gastronômica, se quiser. A criação industrial é, por outro lado, uma infâmia moderna. Nenhuma fome justifica torturar sistematicamente quem vive. E toda justificativa, religiosa ou outra, que exige matar o animal com sofrimento é uma perversão moral. Inversamente, comer o animal requer reconhecer no animal a possibilidade de ele nos comer – nós, humanos. Devo acrescentar que na Europa, pelo menos, este está longe de ser o caso?

Notas

Introdução — Animais escritos

1. John Berger, "Por que olhar os animais?", in *Sobre o olhar*, p. 22.
2. Agamben desenvolve o conceito de "máquina antropológica" no livro *L'Aperto. L'uomo e l'animale*, de 2002, publicado em português em 2011. Segundo o filósofo, "na medida em que nela está em jogo a produção do humano mediante a oposição homem/animal, humano/inumano, a máquina funciona necessariamente mediante uma exclusão (que é também e sempre já uma captura) e uma exclusão (que é também e sempre já uma inclusão)". Cf. Giorgio Agamben, *O aberto: o homem e o animal*, p. 42.
3. O termo "animal", sob essa perspectiva, é um signo multifacetado, atravessado por valores socioculturais, uma vez que o animal se tornou, para além de sua circunscrição biológica, um "objeto cultural", repleto de conotações no mundo ocidental. Segundo Dario Martinelli, adepto da zoosemiótica e da zoomusicologia, tanto pode designar "qualquer outro animal exceto os humanos" quanto pode ser usado para qualificar e desqualificar características ou comportamentos humanos. Cf. Martinelli, <http://www.zoosemiotics.helsinki.fi/animal.PDF>.

4. As considerações de Evando Nascimento sobre o termo "besta" estendem-se também para o termo "fera" (uma das traduções da palavra francesa "*bête*"). Segundo ele, "tanto em francês quanto português, à diferença da palavra 'animal', que tem predominantemente uma conotação biológica ou, digamos, naturalista, besta e fera nesse contexto de violência e de atrocidade remetem para uma metafórica de caráter moral". Evando Nascimento, *Clarice Lispector*, p. 21.

5. Michel Foucault, "Os insensatos", in *História da loucura*, p. 153).

6. *Ibidem*, p. 154.

7. Entre várias outras narrativas de Kafka que se inserem nesse registro, o conto "Um relatório para a academia" também se destaca por lidar com os limites entre humano e não humano e fazer uma contundente crítica ao antropocentrismo, por meio de um macaco, Pedro Rubro, o personagem/narrador que profere o relato que constitui o conto. Ver Kafka, 1999, p. 59-72.

8. Jorge Luis Borges e Margarita Guerrero, *El libro de los seres imaginarios*, p. 7-9). Sobre a tradição dos bestiários antigos e contemporâneos, ver o ensaio "Zoocoleções", incluído em MACIEL, Maria Esther. *As ironias da ordem*. Belo Horizonte, UFMG, 2011, p.93-106. Adaptação expandida da primeira parte do ensaio "O animal escrito", esse texto contextualiza a presença do animal na literatura do Ocidente, a partir de incursões em obras como *A história dos animais*, de Aristóteles; as fábulas de Esopo; a *História Natural*, de Plínio, o Velho; as *Etimologias*, de Santo Isidoro de Sevilha; e os bestiários medievais.

9. Silvia Molloy, *Las letras de Borges y otros ensayos*, p. 239.

10. Juan José Arreola, *Bestiario — varia invención*; e *Confabulario*. Augusto Monterroso, *La oveja negra y demás fábulas* (publicado no Brasil pela Cosac Naify com o título *A ovelha negra e outras fábulas*). Victor Sosa, *Los animales furiosos*.

11. Tais poemas estão reunidos no livro *A Ted Hughes Bestiary*. Selected by Alice Oswald. Londres: Faber & Faber, 2014.

12. José Gil, *Metamorfoses do corpo*, p. 126.

13. Rubens Figueiredo, *O livro dos lobos*.

14. Nicolás Rosa trata disso no capítulo "Una semiologia del mundo natural" de *Relatos críticos — cosas, animales, discursos*.

Pensar o animal

1. Michel de Montaigne, *Os ensaios — livro II*, p. 157-407.

2. *Ibidem*, p. 349.

3. Montaigne refere-se à presunção como "a nossa doença natural e original". Cf. Michel de Montaigne, *Os ensaios — livro II*, p. 81.

4. *Ibidem*, p. 181.

5. Sobre o conceito matizado de razão em Montaigne, ver o artigo de Thelma Birchal, "As razões de Montaigne", in *Síntese*, p. 229-246.

6. Michel de Montaigne, *Os ensaios — livro II*, p. 118.

7. Thierry Gontier, *L'Encyclopédie de l'Agora*, vol. 1, no 6.

8. Michel de Montaigne, *Os ensaios — livro II*, p. 220.

9. *Ibidem*, p. 205.

10. Prefiro adotar o termo apenas em seu sentido específico enquanto gênero literário-artístico, e não como um conjunto genérico de animais listados ou descritos por determinado autor. Ver as considerações feitas na Introdução deste livro.

11. Vale lembrar que, em julho de 2012, treze neurocientistas renomados se reuniram em Cambridge para formalizar uma declaração histórica na qual admitem que os humanos não são os únicos seres do planeta a ter consciência, sentimentos, atos intencionais e inteligência. "Todos os mamíferos, todos os pássaros e muitas outras criaturas, como o polvo, possuem as estruturas nervosas que produzem a consciência", afirma o cientista canadense Philip Low, que elaborou o comunicado. Disponível em: <http://www.all-creatures.org/articles/ar-conscious.pdf>. Acesso em: 13 out. 2012.

12. Élisabeth de Fontenay: "Como entender então que essa crítica devastadora é acompanhada de uma tão grande credulidade quanto aos *exempla* — esses relatos por demais fabulosos, reconhecidos desde a Antiguidade, acerca dos desempenhos animais? Essa ingenuidade é uma farsa que completa o estratagema cético: opor as histórias inverossímeis de bichos, em que se tem vontade de acreditar (...) a longos encadeamentos de raciocínio e, de forma cínica, ridicularizar o adversário". Cf. Élisabeth de Fontenay, *Le Silence des bêtes*, p. 350.

13. Como lembra Foucault em *As palavras e as coisas*, os conhecimentos da época eram constituídos de um amálgama

instável entre saber racional, superstições e "toda uma herança cultural, cujos poderes de autoridade a redescoberta de textos antigos havia multiplicado" (Michel Foucault, *As palavras e as coisas*, p. 48). Montaigne simplesmente reconfigurou, sob uma perspectiva própria e com finalidades específicas, os conhecimentos zoológicos de seus precursores.

14. Jacques Derrida, *O animal que logo sou*, p. 19.

15. Michel de Montaigne, *Os ensaios — livro II*, p. 152.

16. *Ibidem*, p. 155.

17. *Ibidem*, p. 195.

18. Todas as citações de *Desonra* foram extraídas da edição brasileira, de 2000, em tradução de José Rubens Siqueira. As citações de *A vida dos animais* pertencem à edição brasileira, de 2002, também traduzida por José Rubens Siqueira.

19. As dez sessões do seminário foram reunidas em dois volumes publicados, respectivamente, em 2008 e 2010, pela editora Galilée. O primeiro volume integra as aulas ministradas entre 2001 e 2002. O segundo, as de 2002-2003.

20. A etologia tem sido importante para que vários aspectos complexos do comportamento animal sejam considerados, visto que, como aponta Dominique Lestel na entrevista no anexo deste livro, ela "revolucionou nossa representação do animal". No entanto, Lestel chama atenção para o fato de a etologia ter negligenciado certos fenômenos fundamentais, como as habilidades artísticas de certos animais.

21. A versão completa, publicada em 1999, pela editora Galilée, inclui uma parte sobre a questão do animal em Lacan. Todas as citações referentes a esse livro foram extraídas da edição brasileira, de 2002, *O animal que logo sou (A seguir)*, em tradução de Fábio Landa.

22. Segundo Heidegger, "a pedra é sem mundo, o animal é pobre de mundo e o homem é formador de mundo". Cf. Martin Heidegger, *Os conceitos fundamentais da metafísica*, p. 243.

23. Jacques Derrida, *O animal que logo sou*, p. 33.

24. *Ibidem*, p. 19, n. 7.

25. *Apud* Jacques Derrida, *O animal que logo sou*, p. 20.

26. Cary Wolfe, *What is Posthumanism?*, p. 40.

27. Publicada em Mallet, Marie-Louise e Michaud, Ginette (org.) 2004. *Cahier de L'Herne Derrida*. Paris, Éditions de L'Herne, n. 83, 117-129. Essa discussão em torno de Lacan encontra-se também em Jacques Derrida, *La Bête et la souverain*, v. 1, p. 141-187.

28. Jacques Derrida, *O animal que logo sou*, p. 64-65.

29. *Ibidem*, p. 70.

30. John Berger, "Por que olhar os animais?", in *Sobre o olhar*, p. 22.

31. Jacques Derrida, *O animal que logo sou*, p. 44.

32. *Ibidem*, p. 52.

33. *Ibidem*, p. 22.

34. *Ibidem*, p. 15.

35. *Ibidem*, p. 30.

36. *Ibidem*, p. 5.

37. Evando Nascimento, "O estrangeiro, a literatura — a soberania", in *Revista de Letras*, p. 39.

38. Consta que o texto original em francês foi publicado na revista *Poésie*, 50, outono de 1989, precedido da seguinte nota: "A revista italiana *Poesia* (...) abre cada um de seus números com a tentativa ou o simulacro de uma resposta, em algumas linhas, à pergunta *Che cós'è la poesia*? Ela é feita a alguém vivo, estando a resposta à pergunta a cargo de um morto, neste caso, o Odradek de Kafka. No momento em que escreve, o vivo ignora a resposta do morto: ela vem no final da revista, de acordo com a escolha dos editores." Cf. Jacques Derrida, *Che Cos'è la poesia?*, p. 5.

39. Jacques Derrida, *Che Cos'è la poesia?*, p. 5.

40. *Ibidem*, p. 8.

41. *Ibidem*, p. 7.

42. Jacques Derrida, *La Bête et le souverain* — v. 1, p. 23.

Narrativas da animalidade

1. O original foi publicado em 1999, sob o título *The lives of animals*. No Brasil, o livro foi lançado em 2002, em tradução de José Rubens Siqueira, de onde extraí as citações para este texto.

2. Elizabeth Costello, segundo Coetzee a descreveu na palestra "Realismo", de 1996, nasceu em Melbourne, Austrália, em 1928, tendo escrito "nove romances, dois livros de poemas, um livro sobre a vida dos pássaros e um corpo de trabalhos jornalísticos". Todas as suas palestras (no

total de oito) foram reunidas no livro *Elizabeth Costello*, publicado em 1999, com tradução brasileira em 2004.

3. Consta que Coetzee apresentou essas palestras, atribuídas a sua personagem Costello, na Universidade de Princeton, em 1997, no âmbito do ciclo de palestras Tanner Lectures on Human Values.

4. São eles: a teórica de literatura Marjorie Gaber, o filósofo Peter Singer, a professora de religião Wendy Doniger e a primatologista Barbara Smuts. Ver J. M. Coetzee, *A vida dos animais*, p. 85-145.

5. J. M. Coetzee, *A vida dos animais*, p. 70.

6. *Ibidem*, p. 70

7. Giorgio Agamben, *Homo sacer*, p. 28.

8. J. M. Coetzee, *A vida dos animais*, p. 82.

9. Jacques Derrida, *O animal que logo sou*, p. 44.

10. J. M. Coetzee, *A vida dos animais*, p. 70.

11. Borges, *Outras inquisições*, 2007, p. 192

12. J. M. Coetzee, *Desonra*, p. 86.

13. Tom Herron, "The Dog Man", in *Twenty Century Literature*, p. 472. Tradução minha.

14. J. M. Coetzee, *Desonra*, p. 86.

15. John Berger, "Os animais como metáfora", in *Suplemento literário de Minas Gerais*, p. 8.

16. J. M. Coetzee, *Desonra*, p. 166.

17. *Ibidem*, p. 92.

18. *Ibidem*, p. 99.

19. Susan McHugh, *Dog*, p. 19. Tradução minha.

20. Giorgio Agamben, *Homo sacer*, p. 132.

21. *Ibidem*, p. 133.

22. J. M. Coetzee, *A vida dos animais*, p. 78.

23. J. M. Coetzee, *Desonra*, p. 163.

24. Jacques Derrida, "Eating Well, or the Calculation of the Subject", in *Points... Interviews, 1974-1994*, p. 279. Tradução minha.

25. Jacques Derrida, *La Bête et le souverain* — v. 1, p. 156. Tradução minha.

26. J. M. Coetzee, *Desonra*, p. 92.

27. J. M. Coetzee, *A vida dos animais*, p. 164.

28. *Ibidem*, p. 88.

29. *Ibidem*, p. 236.

30. *Ibidem*, p. 241.

31. *Ibidem*, p. 241.

32. Texto originalmente publicado em 1971 e incluído, posteriormente, no livro: Rosenthal, D. (org.). *The Nature of Mind*. Oxford: Oxford University Press, 1991, p. 422-428. Cito um trecho em tradução de Paulo Abrantes e Juliana Orione: "Eu quero saber como é, para um *morcego*, ser um morcego. Mas quando tento imaginar isso, fico restrito aos recursos da minha própria minha mente, inadequada para essa tarefa. Não posso alcançar esse conhecimento nem mesmo imaginando acréscimos a minha experiência presente, nem imaginando segmentos gradualmente subtraídos dela, nem imaginando uma combinação de acréscimos, subtrações e modificações." In *Cadernos de História e Filosofia da Ciência*, Campinas, Unicamp, série 3, v. 16, n. 1, jan.-jun. 2006.

33. J. M. Coetzee, *A vida dos animais*, p. 40.

34. *Ibidem*, p. 41.

35. J. G. Rosa, *Estas estórias*, p. 69.

36. *Ibidem*, p. 72.

37. *Ibidem*, p. 70.

38. Dominique Lestel, *Apologie du Carnivore*, p. 36-39.

39. Parte do livro foi traduzida ao português, sob o título "A animalidade, o humano e as 'comunidades híbridas'", e incluída em Maria Esther Maciel (org.), *Pensar/escrever o animal*, p. 23-53.

40. Dominique Lestel, *Apologie du Carnivore*, p. 44.

41. Vale lembrar que as listas zoológicas abundam em sua obra — em especial no *Grande sertão: veredas* —, indo de centenas de nomes de bois e vacas a dezenas de espécies espalhadas pelo sertão mineiro ou confinadas nos zoológicos do mundo. O conto "Entremeio com o vaqueiro Mariano" serviu como referência para algumas passagens do romance.

42. Um estudo sobre essas séries zoológicas de *Ave, palavra* pode ser lido no livro: Maciel, *O animal escrito*, São Paulo: Lumme, 2008.

43. J. G. Rosa, *Ave, palavra*, p. 202, 204.

44. *Ibidem*, p. 112.

45. *Ibidem*, p. 201.

46. J. G. Rosa, *Estas estórias*.

47. J. G. Rosa, *Estas estórias*, p. 159.

48. Este conceito de Deleuze e Guattari é formulado nos livros: *Kafka: por uma literatura menor* e *Mil platôs*, para

designar não um processo de identificação ou relação mimética com o animal, mas um *movimento* entre o homem e o animal, em que aquele trespassa o limiar de sua humanidade, numa "composição de velocidades e de afetos entre indivíduos inteiramente diferentes". Giles Deleuze e Félix Guattari, *Mil platôs*, p. 44.

49. Giles Deleuze e Félix Guattari, *Mil platôs*, p. 18.

50. Graciliano Ramos, *Linhas tortas*, p. 249.

51. *Ibidem*, p. 249.

52. Machado de Assis, *Obra completa*, v. 3, p. 551.

53. Derrida, a propósito da fábula, diz o seguinte: "Seria preciso sobretudo evitar a fábula. A fabulação, conhecemos sua história, permanece um amansamento antropomórfico, um assujeitamento moralizador, uma domesticação. Sempre um discurso do homem sobre o homem, para o homem." Cf. Jacques Derrida, 2002, p. 70.

54. Nesse conto, Rosa cria uma conversa similar à dos burros de Machado, mas num viés de compaixão. Os personagens são oito bois de guia, que lamentam sua condição de animais com "os flancos a sangrar" e expressam suas opiniões sobre a crueldade dos homens. Um deles chega a dizer: "O homem é um bicho esmochado, que não devia haver", num tom de descrença em relação ao mundo daqueles que são responsáveis pelas coisas ruins que acontecem com os bichos.

55. Ver as crônicas machadianas de 15/08/1876, 15/03/1877, 13/02/1889, 16/10/1892 e 05/03/1893 em Machado de Assis, *Obra completa*, v. 3.

56. Machado de Assis, *Obra completa*, v. 3, p. 362.

57. Machado de Assis, *Obra completa*, v. 1, p. 662.

58. Machado de Assis, *Obra completa*, v. 2, p. 611-614.

59. *Ibidem*, p. 611.

60. *Ibidem*, p. 613.

61. *Ibidem*, p. 614.

62. Jacques Derrida, *O animal que logo sou*, p. 51.

63. *Ibidem*, p. 52.

64. Machado de Assis, *Obra completa*, v. 2, p. 413.

65. *Ibidem*, p. 417.

66. Armelle le Bras-Chopard, *Le Zoo des philosophes*, p. 2.

67. Dominique Lestel, *As origens animais da cultura*, p. 54.

68. Graciliano Ramos, *Vidas secas*, p. 90.

69. J. M. Coetzee, *A vida dos animais*, p. 63. Coetzee afirma isso através de sua personagem Elizabeth Costello, na passagem em que esta fala sobre o poema "O jaguar", de Ted Hughes.

70. Viveiros de Castro, *A inconstância da alma selvagem*, p. 173.

71. Clarice Lispector, "O búfalo", in *Laços de família*, p. 157.

72. Mário de Andrade *apud* Alphonsus, *Contos e novelas,* contracapa.

73. Os principais livros do autor que seguem esse viés zooliterário são: *Manual de zoofilia* (Ponta Grossa: UEPG, 1997), *Jardim zoológico* (São Paulo: Iluminuras, 1999) e *Cachorros do céu* (São Paulo: Planeta, 2005).

74. Wilson Bueno, *Jardim zoológico*, p. 65.

75. *Ibidem*, p. 41.

76. *Ibidem*, p. 51.

77. *Ibidem*, p. 39.

78. Um estudo detalhado da zooliteratura de Wilson Bueno foi realizado por Eduardo Jorge de Oliveira na dissertação *Manuais de zoologia — os animais de Jorge Luis Borges e Wilson Bueno*. Disponível em: <http://www.bibliotecadigital. ufmg.br/dspace/bitstream/handle/1843/ECAP-7W4LR4/ disserta__o_eduardo_jorge.pdf?sequence=1>.

79. Susana Scramin, "Wilson Bueno e a 'Sintesis Misteriosa'", in *Literatura do presente*, p. 132.

80. *Apud* Ritvo, *The platypus and the mermaid; and other figments of classifying imagination*, p. 3.

81. Ritvo, *The platypus and the mermaid; and other figments of classifying imagination*, p. 3.

82. Eco, *Kant e o ornitorrinco*, p. 81.

83. Wilson Bueno, *Jardim zoológico*, p. 26.

84. Mendes, *Poliedro*, p. 12.

85. Mendes, *Poliedro*, p. 14.

Animais poéticos, poesia animal

1. Carlos Drummond de Andrade, *Poesia e prosa*, p. 266.

2. Clarice Lispector, em *Água viva* (p. 30), fala do "it dos animais", tomando o "it" como "o mistério do impessoal", esse "neutro" que resiste à subjetivação através da linguagem.

3. Jacques Derrida, *O animal que logo sou*, p. 15.

4. *Ibidem*, p. 22.

5. Randy Malamud, *Poetic Animal and Animal Soul*, p. 59.

6. J. M. Coetzee, *A vida dos animais*, p. 63.

7. *Ibidem*, p. 60

8. Conferir o verso da segunda estrofe: *"It might be painted on a nursery wall."*

9. John Berger, "Por que olhar os animais?", in *Sobre o olhar*, p. 31.

10. J. M. Coetzee, *A vida dos animais*, p. 60.

11. Ted Hughes, *Collected poems*, p. 20. Tradução de Sérgio Alcides. No original: *"His stride is wildernesses of freedom: / The world rolls under the long thrust of his heel. / Over the cage floor the horizons come."* Cf. Maria Esther Maciel (org.), *Animais escritos — Suplemento Literário de MG*, p. 40.

12. Ted Hughes, *Collected Poems*, p. 151-152.

13. Paz usa o conceito de salto de Kierkegaard e, a partir de alguns princípios do budismo, reformula-o para designar esse movimento do eu à outra margem, espaço do outro, do "fora", mas que está dentro do eu. É, nesse sentido, uma experiência mística. Cf. Octavio Paz, *O arco e a lira*, p. 128.

14. Clarice Lispector, *Água viva*, p. 51.

15. O poema "A pantera" é de 1907. Uso como referência a tradução de Augusto de Campos, no livro *Coisas e anjos de Rilke*, de 2001, p. 56-57.

16. Herberto Helder, *Ou o poema contínuo*, p. 432.

17. Astrid Cabral, "Encontro no jardim", in *Jaula*, p. 110

18. Octavio Paz, *O arco e a lira*, p. 141.

19. Clarice Lispector, *A paixão segundo G. H.*, p. 50.

20. *Ibidem*, p. 53.

21. *Ibidem*, p. 153.

22. Georges Bataille, *Teoria da religião*, p. 12.

23. *Ibidem*, p. 13.

24. Herberto Helder, *Ou o poema contínuo*, p.110.

25. Astrid Cabral, *Antologia pessoal*, p. 110.

26. Nuno Ramos, *Ó*, p. 60.

27. Giles Deleuze e Félix Guattari, 1995, p. 20

28. Wilson Bueno, *Manual de zoofilia*, p. 35.

29. Eucanaã Ferraz, "Fado do boi", in *Cinemateca*, p. 11.

30. Eucanaã Ferraz, "Fado do boi", in *Cinemateca*, p. 19.

31. Herberto Helder, "Poemacto", in *Ou o poema contínuo*, p. 116-119.

32. *Ibidem*, p. 117.

33. *Ibidem*, p. 119.

34. Jacques Derrida, "Et si l'Animal repondait?", in *Cahier de L'Herne. Derrida*, p. 268.

35. *Ibidem*, p. 277.

36. *Ibidem*, p. 117-129. Não incluída na edição brasileira de *O animal que logo sou*.

37. Ver a entrevista com Dominique Lestel no final deste livro

38. Michel de Montaigne, "Apologia de Raymond Sebond", in *Ensaios*, II, p. 118.

39. Dominique Lestel, *As origens animais da cultura*, p. 59.

40. Manoel de Barros, *Poesia completa*, p. 203.

41. Dominique Lestel, *As origens animais da cultura*, p. 108.

42. *Ibidem*, p. 156.

43. *Ibidem*, p. 183.

44. Giorgio Agamben, "O fim do pensamento", in *Terceira margem*, p.156.

45. *Ibidem*, p. 56.

46. Esta posição se dá a ver, sobretudo, no livro *L'aperto*, de 2002, no qual Agamben trata da relação entre o homem e o animal, a partir da discussão das ideias de Jacob Von Uexküll, Heidegger, Benjamin e Kojève. Cf. Giorgio Agamben, *O aberto: o homem e o animal*, 2011.

47. *Apud* Cary Wolfe, "In the Shadow of Wittgenstein's Lion", in *Animal Rites*, p. 44.

48. *Ibidem*, p. 47.

49. Jacques Roubaud, *Os animais de todo mundo*, p. 51. Em tradução de Marcos Siscar e Paula Glenadel. No original: *Pour parler, dit le cochon, / ce que j'aime c'est les mots porqs: / glaviot grumeau gueule grommelle / chafouin pacha épluchure / mâchon moche miches chameau / empoté chouxgras polisson. / j'aime lês mots grãs et porcins: / jujube pechblende pépére / compost lardon chouraver / bouillaque tambouille couenne / navet vase chose choucroute. / Je n'aime pas trop potiron / et pas du tout arc-en-ciel. / Ces bons mots je me lesfourre sous le groin / et ça fait un pöeme de porq.* Cf. *Ibidem*, p. 116.

50. *Ibidem*, p. 90.

51. *Ibidem*, p. 89. Essa observação insere-se como "post--scriptum" no final de um texto intitulado "Carta do autor ao ouriço" (p. 83-89).

52. Randy Malamud, *Poetic Animal and Animal Soul*, p. 72.

53. Em inglês: *"wade / through black jade / Of the crow-blue mussel-shells, one keeps / adjusting the ash-heaps; / opening and shutting itself like / an / injured fan. / The barnacles*

which encrust the side / of the wave, cannot hide / there for the submerged shafts of the / sun, / split like spun / glass, move themselves with spotlight swiftness / into the crevices — in and out, illuminating / the turquoise sea / of bodies." Marianne Moore, *Poemas*, p. 26; 28.

54. *Apud* Randy Malamud, *Poetic Animal and Animal Soul*, p. 103.

Referências bibliográficas

Textos literários

ALPHONSUS, João. *Contos e novelas*. Rio de Janeiro: Imago, 1976.

ANDRADE, Carlos Drummond de. *Poesia e prosa*. Rio de Janeiro: Nova Aguilar, 1979.

ARREOLA, Juan José. *Bestiario*: varia invención. Madri: Turner, 2002.

ARREOLA, Juan José. *Confabulario*. México, D.F.: Fondo de Cultura Económica, 2002.

ASSIS, Machado de. *Obra completa* — v. 1. Rio de Janeiro: Nova Aguilar, 1985.

ASSIS, Machado de. "Conto alexandrino" e "Ideias de canário". *In: Obra completa* — v. 2. Rio de Janeiro: Nova Aguilar, 1985. p. 441-417 e 611-614.

ASSIS, Machado de. *Obra completa* — v. 3 (Crônicas). Rio de Janeiro: Nova Aguilar, 1985. p. 323-775.

AUSTER, Paul. *Timbuktu*. Londres: Faber & Faber, 1999.

BARROS, Manoel de. *Poesia completa*. São Paulo: Leya, 2010.

BOFFA, Alessandro. *Você é um animal, Viskovitz*. Trad. Eduardo Brandão. São Paulo: Companhia das Letras, 1999.

BORGES, Jorge Luis. O idioma analítico de John Wilkins. In *Outras inquisições*. Trad. Davi Arriguci Jr. São Paulo: Companhia das Letras, 2007.

BORGES, Jorge Luis; GUERRERO, Margarita. *El libro de los seres imaginarios*. Madri: Alianza Editorial, 2003.

BORGES, Jorge Luis; GUERRERO, Margarita. *Manual de zoología fantástica*. México: Fondo de Cultura Económica, 1998.

BUENO, Wilson. *Jardim zoológico*. São Paulo: Iluminuras, 1999.

BUENO, Wilson. *Manual de zoofilia*. Ponta Grossa: UEPG, 1997.

CABRAL, Astrid. *Antologia pessoal*. Brasília: Thesaurus, 2008.

CABRAL, Astrid. *Jaula*. Rio de Janeiro: Editora da Palavra, 2006.

CAMPOS, Augusto. *Coisas e anjos de Rilke*. São Paulo: Perspectiva, 2001.

COETZEE, J. M. *A vida dos animais*. Trad. José Rubens Siqueira. São Paulo: Companhia das Letras, 2002. Em inglês: COETZEE, J. M. *The Lives of Animals*. Princeton: Princeton University Press.

COETZEE, J. M. *Desonra*. Trad. José Rubens Siqueira. São Paulo: Companhia das Letras, 2000. Em inglês: *Disgrace*. Londres: Non Basic Stock Line, 2000.

COETZEE, J. M. *Elizabeth Costello*. Trad. José Rubens Siqueira. São Paulo: Companhia das Letras, 2003.

FERRAZ, Eucanaã. *Cinemateca*. São Paulo: Companhia das Letras, 2008.

FIGUEIREDO, Rubens. *O livro dos lobos*. Rio de Janeiro: Rocco, 1994.

HELDER, Herberto. *Ou o poema contínuo*. São Paulo: A Girafa, 2006.

HORNUNG, Eva. *Dog Boy*. Londres, Nova York, Sidney: Bloomsbury, 2010.

HUGHES, Ted. *Collected poems*. Londres: Faber & Faber, 2003.

HUGHES, Ted. *O que é a verdade?: poemas sobre bichos*. Ed. bilíngue. Trad. Sérgio Alcides. São Paulo: Companhia das Letras, 2005.

JORGE, Luiza Neto. *19 recantos e outros poemas*. Rio de Janeiro: 7 Letras, 2008.

KAFKA, Franz. *A metamorfose*. Trad. Modesto Carone. São Paulo: Companhia das Letras, 2000.

KAFKA, Franz. Um relatório para uma academia. In *Um médico rural*. Trad. Modesto Carone. São Paulo: Companhia das Letras, 1999.

KIPLING, Rudyard. *The jungle books*. Londres: Penguin Books, 1994.

LISPECTOR, Clarice. *A descoberta do mundo*. Rio de Janeiro: Rocco, 1999.

LISPECTOR, Clarice. *A paixão segundo G. H.* Rio de Janeiro: Nova Fronteira, 1979.

LISPECTOR, Clarice. *Água viva*. Rio de Janeiro: Nova Fronteira, 1980.

LISPECTOR, Clarice. "O búfalo". In: *Laços de família*. Rio de Janeiro: Nova Fronteira, 1983. p.147-158.

MENDES, Murilo. *Poliedro*. Rio de Janeiro: José Olympio, 1972.

MONTERROSO, Augusto. *A ovelha negra e outras fábulas*. Trad. Millôr Fernandes. São Paulo: Cosac Naify, 2014. Em espanhol: MONTERROSO, Augusto. *La oveja negra y demás fábulas*. México, D.F.: Fondo de Cultura Económica, 1996.

MOORE, Marianne. *Poemas*. Trad. José Antonio Arantes. São Paulo: Companhia das Letras, 1991. Em inglês: MOORE, Marianne. *Selected poems*. Londres: Faber & Faber, 1969.

PACHECO, José Emilio; TOLEDO, Francisco. *Álbum de zoologia*. México, D.F.: Era/El Colegio Nacional, 2006.

RAMOS, Graciliano. *Linhas tortas*. Rio de Janeiro: Record, 2005.

RAMOS, Graciliano. *Vidas secas*. Rio de Janeiro: Record, 1978.

RAMOS, Nuno. *Ó*. São Paulo: Iluminuras, 2008.

RILKE, Rainer Maria. *Elegias de Duíno*. Trad. Dora Ferreira da Silva. Rio de Janeiro: Globo, 1976.

ROSA, Guimarães. *Ave, palavra*. Rio de Janeiro: José Olympio, 1970.

ROSA, Guimarães. *Estas estórias*. Rio de Janeiro: José Olympio, 1976.

ROUBAUD, Jacques. *Os animais de todo mundo*. Ed. bilíngue. Trad. Paula Glenadel e Marcos Siscar. São Paulo: Cosac Naify, 2006.

SOSA, Victor. *Los animales furiosos*. México: Aldus, 2003.

Textos crítico-teóricos

ADES, César. "O morcego, outros bichos e a questão da consciência animal". *Psicol. USP* [online], v. 8, n. 2, p. 129-158, 1997. Disponível em: <http://www.scielo.br/scielo.php?script=sci_arttext&pid=S0103-65641997000200007&lng=en&nrm=iso>. Acesso em: 16 out. 2012.

AGAMBEN, Giorgio. *Homo sacer*: o poder soberano e a vida nua I. Trad. António Guerreiro. Lisboa: Editorial Presença, 1998.

AGAMBEN, Giorgio. *O aberto*: o homem e o animal. Trad. André Dias e Ana Bigotte Vieira. Lisboa: Edições 70, 2011.

AGAMBEN, Giorgio. "O fim do pensamento". Trad. Alberto Pucheu. *Terceira margem* — Revista da Pós-Graduação em Letras, Rio de Janeiro, Centro de Letras e Artes da UFRJ, ano IX, n. 11, p. 156-159, 2004.

Aristóteles. *Historia de los animales*. Trad. José Vara Donado. Madri: Akal, 1990.

BATAILLE, Georges. *Teoria da religião*. Trad. Sérgio Goes de Paula e Viviane de Lamare. São Paulo: Ática, 1993.

BERGER, John. "Os animais como metáfora". Trad. Ricardo Maciel dos Anjos. *Suplemento literário de Minas Gerais*, Belo Horizonte, n. 1332, set./out. 2010,

BERGER, John. "Por que olhar os animais?" In: *Sobre o olhar*. Trad. Lya Luft. Barcelona: Gustavo Gili, 2003. p. 11-32.

BIRCHAL, Thelma. "As razões de Montaigne". *Síntese* — Revista de Filosofia, Belo Horizonte, UFMG, v. 33, n. 106, 2006, p. 229-246.

BRAS-CHOPARD, Armelle le. *Le Zoo des philosophes*. Paris: Plon, 2000.

DARWIN, Charles. *A expressão das emoções no homem e nos animais*. Trad. Leon de Souza Lobo Garcia. São Paulo: Companhia das Letras, 2009.

DELEUZE, Gilles; GUATTARI, Félix. *Kafka*: por uma literatura menor. Trad. Júlio Castañon Guimarães. Rio de Janeiro: Imago, 1977 (Capítulos II e IV).

DELEUZE, Gilles; GUATTARI, Félix. *Mil platôs*: capitalismo e esquizofrenia. Trad. Suely Rolnik. Rio de Janeiro: Editora 34, 1995. v. 4.

DELEUZE, Gilles. *Cours Vincennes*: Intégralité du cours 1978-1981. Trad. Francisco Traverso Fuchs. Site Webdeleuze. Disponível em: <http://www.webdeleuze.com/php/texte.php?cle=194&groupe=Spinoza&langue=5>. Acesso em: 29 dez. 2014.

DERRIDA, Jacques. "Et si l'Animal repondait?" *In*: MALLET, Marie-Louise; MICHAUD, Ginette (org.). *Cahier de L'Herne. Derrida.* Paris: Éditions de L'Herne, 2004. n. 83, p. 117-129.

DERRIDA, Jacques. *Che Cos'è la poesia?* Trad. Osvaldo Manuel Silvestre. Lisboa: Angelus Novus, 2003.

DERRIDA, Jacques. "Eating Well, or the Calculation of the Subject". *In*: *Points... Interviews, 1974-1994*. Elisabeth Weber (org.). Stanford: Stanford University Press, 1995.

DERRIDA, Jacques. *La Bête et le souverain — v. 1.* Paris: Galilée, 2008.

DERRIDA, Jacques. *La Bête et le souverain — v. 2.* Paris: Galilée, 2010.

DERRIDA, Jacques. *O animal que logo sou.* Trad. Fábio Landa. São Paulo: Editora Unesp, 2002. Em francês: DERRIDA, Jacques. "L'Animal que donc je suis (à suivre)". *In*: MALLET, M.L. (org.). *L'Animal autobiographique*: Autour de Jacques Derrida. Paris: Galilée, 1999.

ECO, Umberto. *Kant e o ornitorrinco.* Trad. Ana Theresa Vieira. Rio de Janeiro: Record, 1997.

FONTENAY, Élisabeth de. *Le Silence des bêtes*: la philosophie à l'épreuve de l'animalité. Paris: Fayard, 1998.

FOUCAULT, Michel. *As palavras e as coisas*. Trad. Salma Tannus. São Paulo: Martins Fontes, 1987 (Prefácio, Caps. II e V). Em francês: FOUCAULT, Michel. *Les Mots et les choses*. Paris: Gallimard, 1966.

FOUCAULT, Michel. "Os insensatos". *In*: *História da loucura*. Trad. José Teixeira Coelho Neto. São Paulo: Perspectiva, 2005.

GIL, José. *Metamorfoses do corpo*. Lisboa: Relógio D'Água, 2006.

GONTIER, Thierry. "L'Homme et animal". *In*: Paris: *L'Encyclopédie de l'Agora*, vol. 1, n. 6, mars 1994. Disponível em: <http://agora.qc.ca/reftext.nsf/Documents/Animal--Lhomme_et_lanimal_par_Thierry_Gontier>. Acesso em: 10/11/2015.

HEIDEGGER, Martin. *Os conceitos fundamentais da metafísica*. Rio de Janeiro: Forense, 2003.

HERRON, Tom. "The Dog Man: Becoming Animal in Coetzee's *Disgrace*". *Twenty Century Literature*, n. 51, v. 4, p. 467-490, Winter 2005.

INGOLD, Tim (org.). *What is an Animal?* Boston: Unwin Hyman, 1988.

LESTEL, Dominique. "A animalidade, o humano e as 'comunidades híbridas'". *In*: MACIEL, Maria Esther (org.). *Pensar/escrever o animal*: ensaios de zoopoética e biopolítica. Florianópolis: EdUFSC, 2011, p.23-53.

LESTEL, Dominique. *Apologie du Carnivore*. Paris: Fayard, 2011.

LESTEL, Dominique. *As origens animais da cultura*. Trad. Maria João Reis. Lisboa: Instituto Piaget, 2002.

LESTEL, Dominique. *L'Animal est l'avenir de l'homme*. Paris: Fayard, 2010.

LESTEL, Dominique. *L'Animalité: essai sur le statut de l'humain*. Paris: L'Herne, 2007.

MACIEL, Maria Esther (org.). *Animais escritos — Suplemento Literário de MG*. Belo Horizonte: Secretaria de Estado de Cultura de Minas Gerais, out. 2010.

MACIEL, Maria Esther (org.). *Pensar/escrever o animal*: ensaios de zoopoética e biopolítica. Florianópolis: EdUFSC, 2011.

MACIEL, Maria Esther. *O animal escrito*: um olhar sobre a zooliteratura contemporânea. São Paulo: Lumme, 2008. (Móbile)

MALAMUD, Randy. *Poetic Animal and Animal Soul*. Nova York: Palgrave Macmillan, 2003.

MALLET, Marie-Louise; MICHAUD, Ginette (orgs.) *Cahier de L'Herne. Derrida*. Paris: Éditions de L'Herne, 2004, n. 83, p. 117-129.

MCHUGH, Susan. *Dog*. Londres: Reaktion Books, 2004.

MOLLOY, Silvia. *Las letras de Borges y otros ensayos*. Rosario: Beatriz Viterbo Editora, 1999.

MONTAIGNE, Michel de. "Apologia de Raymond Sebond". *In: Ensaios*, II. Trad. Sérgio Milliet. São Paulo: Abril Cultural, 1980, p. 204-279.

MONTAIGNE, Michel de. *Os ensaios — livro II*. Trad. Rosemary Abílio. São Paulo: Martins Fontes, 2006.

NAGEL, Thomas. "Como é ser um morcego?" Trad. Paulo Abrantes e Júlia Orione. *Cadernos de História da Filosofia e da Ciência*, Campinas, série 3, v. 15, n. 1, p. 245-262, jan.--jun. 2005.

NASCIMENTO, Evando. *Clarice Lispector*: uma literatura pensante. Rio de Janeiro: Civilização Brasileira, 2012.

NASCIMENTO, Evando. "O estrangeiro, a literatura — a soberania: Jacques Derrida". *Revista de Letras*, São Paulo, n. 44, v. 1, p. 33-45, 2004.

NASCIMENTO, Evando. "O inumano hoje". *Revista Gragoatá*, Niterói, UFF, v. 8, p. 39-55, 2000.

OLIVEIRA, José Quintão de. *Sete de ouros e o bestiário rosiano*: a animália em Sagarana, de João Guimarães Rosa. Dissertação (Mestrado em Estudos Literários) — Programa de Pós-Graduação em Estudos Literários, Faculdade de Letras, Universidade Federal de Minas Gerais, Belo Horizonte, 2008.

PAZ, Octavio. *O arco e a lira*. Trad. Ari Roitman e Paulina Wacht. São Paulo: Cosac Naify, 2012.

PAZ, Octavio. "Poesía en movimento. Generaciones y semblanzas. Dominio mexicano". *In*: *Obras completas*. México: Fondo de Cultura Económica, 1994. t. 4, p. 127.

RITVO, H.*The platypus and the mermaid;* and other figments of classifying imagination. Massachusetts: Harvard University Press, 1997.

ROSA, Nicolás. *Relatos críticos*: cosas, animales, discursos. Buenos Aires: Santiago Arcos, 2006.

SAN ISIDORO DE SEVILLA. "Acerca de los animales". *Etimologías*. Livro XV. Madri: Biblioteca de los Autores Cristianos, 1983.

SANTIAGO, Silviano. "Bestiário". *In*: *Ora direis, puxar conversa*. Belo Horizonte: Editora UFMG, 2006. p. 157-191.

SANTIAGO, Silviano. "A ameaça do lobisomem". *Revista Brasileira de Literatura Comparada*, Florianópolis, n. 4, p. 31-44, 1998.

SCRAMIN, Susana. "Wilson Bueno e a 'Sintesis Misteriosa'". *In: Literatura do presente*. Chapecó: Argos, 2007. p. 127-141.

VÁZQUEZ, Felipe. Juan José Arreola y el género "varia invención". *Espéculo. Revista de estudios literários*, Universidad Complutense de Madrid. Madri, n. 32, 2006. Disponível em: <http://www.ucm.es/info/especulo/numero32/arreola.html>. Acesso em: 18 nov. 2014.

VIVEIROS DE CASTRO, Eduardo. *A inconstância da alma selvagem*. São Paulo: Cosac Naify, 2002.

WOLFE, Cary (org.). *Zoontologies: The Question of the Animal*. Minneapolis: University of Minnesota Press, 2003.

WOLFE, Cary. "In the Shadow of Wittgenstein's Lion: Language, Ethics, and the Question of the Animal". *In: Animal Rites*. Chicago: Chicago Press, 2003, p. 44-94.

WOLFE, Cary. *What is Posthumanism?* Minneapolis: University of Minnesota Press, 2010.

*O texto deste livro foi composto em
Swift LT Std, corpo 10/15.*

*A impressão se deu sobre papel off-white
pelo Sistema Digital Instant Duplex da
Divisão Gráfica da Distribuidora Record.*